A PEDAGOGIA DE YHWH E O SEU POVO DIANTE DA LEI

Dados Internacionais de Catalogação na Publicação (CIP)
(Câmara Brasileira do Livro, SP, Brasil)

Costa, Daise Gomes da
　A pedagogia de YHWH e o seu povo diante da lei: uma análise de DT 31, 9-13 / Daise Gomes da Costa ; sob a coordenação de Waldecir Gonzaga – Petrópolis, RJ : Vozes ; Rio de Janeiro : Editora PUC-Rio, 2022. – (Série Teologia PUC-Rio)

　Bibliografia.
　ISBN 978-65-5713-616-4 (Vozes)
　ISBN 978-65-88831-68-7 (Puc-Rio)

　1. Bíblia. A.T. Deuteronômio – Comentários 2. Bíblia. A.T. Deuteronômio – Crítica e interpretação I. Título II. Série.

22-121627　　　　　　　　　　　　　　　　　　　　　　　　　　CDD-222.15

Índices para catálogo sistemático:
1. Deuteronômio : Antigo Testamento : Bíblia 222.15

Cibele Maria Dias – Bibliotecária – CRB-8/9427

Daise Gomes da Costa

A PEDAGOGIA DE YHWH E O SEU POVO DIANTE DA LEI
UMA ANÁLISE DE DT 31,9-13.

SÉRIE **TEOLOGIA PUC-RIO**

© 2022, Editora Vozes Ltda.
Rua Frei Luís, 100
25689-900 Petrópolis, RJ
www.vozes.com.br
Brasil

Todos os direitos reservados. Nenhuma parte desta obra poderá ser reproduzida ou transmitida por qualquer forma e/ou quaisquer meios (eletrônico ou mecânico, incluindo fotocópia e gravação) ou arquivada em qualquer sistema ou banco de dados sem permissão escrita da editora.

CONSELHO EDITORIAL
Diretor
Gilberto Gonçalves Garcia

Editores
Aline dos Santos Carneiro
Edrian Josué Pasini
Marilac Loraine Oleniki
Welder Lancieri Marchini

Conselheiros
Elói Dionísio Piva
Francisco Morás
Ludovico Garmus
Teobaldo Heidemann
Volney J. Berkenbrock

Secretário executivo
Leonardo A.R.T. dos Santos

© Editora PUC-Rio
Rua Marquês de São Vicente, 225
Casa da Editora PUC-Rio
Gávea
22451-900 Rio de Janeiro, RJ
Tel.: (21) 3527-1838
edpucrio@puc-rio.br
www.editora.puc-rio.br

Reitor
Prof. Pe. Anderson Antonio Pedroso, S.J.

Vice-reitor
Prof. Pe. André Luís Araújo, S.J.

Vice-reitor para Assuntos Acadêmicos
Prof. José Ricardo Bergmann

Vice-reitor para Assuntos Administrativos
Prof. Ricardo Tanscheit

Vice-reitor para Assuntos Comunitários
Prof. Augusto Luiz Duarte Lopes Sampaio

Vice-reitor para Assuntos de Desenvolvimento e Inovação
Prof. Marcelo Gattas

Decanos
Prof. Júlio Cesar Valladão Diniz (CTCH)
Prof. Francisco de Guimaraens (CCS)
Prof. Sidnei Paciornik (CTC)
Prof. Hilton Augusto Koch (CCBS)

Conselho Gestor Editora PUC-Rio
Augusto Sampaio, Danilo Marcondes, Felipe Gomberg, Francisco de Guimaraens, Hilton Augusto Koch, José Ricardo Bergmann, Júlio Cesar Valladão Diniz, Marcelo Gattas e Sidnei Paciornik.

Coordenação da série: Waldecir Gonzaga
Editoração: Programa de pós-graduação em Teologia (PUC-Rio)
Revisão de originais: Alessandra Karl
Diagramação: Raquel Nascimento
Revisão gráfica: Alessandra Karl
Capa: Editora Vozes

ISBN 978-65-5713-616-4 (Vozes)
ISBN 978-65-88831-68-7 (PUC-Rio)

Este livro foi composto e impresso pela Editora Vozes Ltda.

Ao meu esposo, José Teodoro, pelo
apoio, incentivo e compreensão.
À minha mãe, Georgina L. Gomes, que durante a trajetória desta pesquisa
esteve enferma e veio a falecer três meses após a conclusão do trabalho. Com
certeza, foi minha grande intercessora.

Sumário

Lista de siglas e abreviações, 9

Prefácio, 13

Introdução, 17

Capítulo 1 Preliminares hermenêuticas, 21

1.1. Um olhar geral para o Livro de Deuteronômio, 21

1.2. Autoria, datação e composição, 26

1.3. A figura do grande líder: Moisés, 34

1.4. De Moisés a Josué, uma pedagogia de liderança, 40

Capítulo 2 Análise exegética de Dt 31,9-13, 47

2.1. Tradução segmentada, 47

2.2. Notas de crítica textual, 48

2.3. Delimitação, unidade e organização, 51

2.3.1. Quanto à delimitação, 51

2.3.2. Quanto à unidade, 56

2.3.3. Quanto à organização, 61

2.4. Estrutura e gênero literário, 63

2.4.1. Quanto à estrutura, 63

2.4.2. Quanto ao gênero literário, 68

Capítulo 3 Comentário de Dt 31,9-13, 71

3.1. Seção A – O Livro da Lei: escrito para ser transmitido (v. 9), 71

3.1.1. Moisés escreve o que YHWH ordena (v. 9a), 71

3.1.2. Entrega aos sacerdotes (v. 9bc), 74

3.1.3. E aos anciãos (v. 9d), 86

3.2. Seção B – Moisés ambienta a execução da ordem (vv. 10-11), 88

3.2.1. A ordem é dada aos destinatários (v. 10ab), 88

3.2.2. O tempo e a ocasião para a leitura da Lei (v. 10c), 89

3.2.3. A escolha do lugar (v. 11abc), 93

3.2.4. A Lei deverá ser lida para todo o Israel (v. 11de), 96

3.3. Seção C – Ordem abrangente dada por Moisés (vv. 12-13), 102

3.3.1. Congregar Israel com uma finalidade específica (v. 12ab), 102

3.3.2. Para ouvir a Lei e aprender a temer a YHWH (v. 12cde), 105

3.3.3. Para observar a Lei (v. 12f), 109

3.3.4. Para colocar em prática todas as palavras da Lei (v. 12g), 110

3.3.5. Para que as futuras gerações conheçam a Lei (v. 13abc), 111

3.3.6. Para praticar a Lei todos os dias da vida sobre a terra (v. 13d), 113

3.3.7. Para tomar posse da Terra Prometida (v. 13ef), 115

Considerações finais, 119

Anexos, 123

Referências bibliográficas, 133

Lista de siglas e abreviações

1Cor	Primeira Carta aos Coríntios
1Cr	Primeiro Livro de Crônicas
1Rs	Primeiro Livro de Reis
1Sm	Primeiro Livro de Samuel
1Tm	Primeira Carta a Timóteo
1Ts	Primeira Carta aos Tessalonicenses
2Cor	Segunda Carta aos Coríntios
2Cr	Segundo Livro de Crônicas
2Rs	Segundo Livro de Reis
2Sm	Segundo Livro de Samuel
3FS	Terceira pessoa do feminino singular
a.C.	Antes de Cristo
Am	Livro do Profeta Amós
AOM	Antigo Oriente Médio
AOP	Antigo Oriente Próximo
Ap	Apocalipse
At	Livro de Atos dos Apóstolos
AT	Antigo Testamento
BH	Bíblia Hebraica
BHQ[app]	Bíblia Hebraica Quinta. Aparato crítico
BHS	Bíblia Hebraica Stuttgartensia
BHS[app]	Bíblia Hebraica Stuttgartensia. Aparato crítico
c.	Cerca de/coluna
DITAT	Dicionário Internacional de Teologia do Antigo Testamento
Dt	Livro de Deuteronômio
Dtr	Deuteronomista
Ecl	Livro de Eclesiastes

Ed.	Edição
ed(s)	Editor(es)
Esd	Livro de Esdras
et al.	Indicação para a citação de mais de três autores
Ex	Livro de Êxodo
Ez	Livro do Profeta Ezequiel
fol.	Folhas
Gl	Carta aos Gálatas
Gn	Livro de Gênesis
Hb	Carta aos Hebreus
Impr.	Impressão
Is	Livro do Profeta Isaías
Jn	Livro do Profeta Jonas
Jo	Evangelho Segundo João
Jó	Livro de Jó
Jr	Livro do Profeta Jeremias
Js	Livro de Josué
Jz	Livro de Juízes
Lc	Evangelho Segundo Lucas
Lv	Livro de Levítico
LXX	Septuaginta
M	Metros
Mc	Evangelho Segundo Marcos
Ml	Livro do Profeta Malaquias
Mt	Evangelho Segundo Mateus
NDITEAT	Novo Dicionário Internacional de Teologia e Exegese do Antigo Testamento
Ne	Livro de Neemias
Nm	Livro de Números
NT	Novo Testamento
Org(s)	Organizador(es)
Os	Livro do Profeta Oseias
p.	Página/páginas
Pv	Livro de Provérbios
Red.	Redator
Ro	Carta aos Romanos

Rt	Livro de Rute
Séc.	Século
Sécs.	Séculos
Sl	Livro de Salmos
s.n.	Editora não informada
TM^L	Texto Massorético Leningradense
Trad(s)	Tradutor(es)
v.	Versículo
vv.	Versículos
ver.	Versão verificada
vol(s)	Volume/volumes
Zc	Livro do Profeta Zacarias

Olhai as aves do céu: não semeiam, nem colhem, nem ajuntam em celeiros. E, no entanto, vosso Pai Celeste as alimenta. Observai os lírios do campo, como crescem e não trabalham e nem fiam. E, no entanto, eu vos asseguro que nem Salomão, em toda a sua glória, vestiu-se como um deles. Vosso Pai Celeste sabe que tendes necessidade de todas essas coisas. Buscai, em primeiro lugar, seu Reino e sua justiça, e todas essas coisas vos serão acrescentadas (Mt 6,26.28-29.32-33).

Prefácio

O *corpus* do Pentateuco entrelaça textos narrativos e legislativos, mas, subjaz a essa dinâmica constitucional uma proposta pedagógica. Esta é percebida, de modo singular no Livro de Deuteronômio (Dt), que apresenta uma grande preocupação com a formação das futuras gerações. Por isso, Moisés, em seus discursos no Dt, exorta o "novo Israel", que está prestes para adentrar e conquistar a Terra de Canaã, que não descuide da educação e formação dos seus filhos e filhas, segundo a Lei do Senhor, e não deixe de narrar para eles os seus feitos grandes e admiráveis.

Sob a lógica da narrativa, há um antes da travessia do Rio Jordão e um depois dessa. Antes, encontra-se o tempo do deserto, momento de purificação de toda a geração que saiu do Egito, mas que, por sua insegurança e falta de fé no Senhor, seu Deus rejeitou a ordem de entrar e conquistar a Terra de Canaã; por causa disso, sofreu uma séria consequência: Vagar pelo deserto por quarenta anos (Nm 13,1–14,45). Por um lado, foi o tempo que fez a geração dos libertos perecer no deserto. Por outro lado, foi o tempo que fez nascer a nova geração que, sob a liderança de Josué (Nm 27,18-23; Dt 31,1-8), experimentou o cumprimento das promessas do Senhor feitas aos patriarcas e que estavam na base da motivação do êxodo do Egito e do tempo de permanência pelo deserto.

Um olhar atento para as relações, que foram estabelecidas entre Moisés e Josué, permite perceber a dinâmica pedagógica aludida. Não se deu, somente, uma transmissão de encargos e de liderança. Josué, descrito como "servidor de Moisés desde a sua juventude" (Nm 11,28; Js 1,1), foi, de fato, um exímio discípulo, formado, por assim dizer, aos pés do grande mestre com o qual o Senhor Deus falava face a face (Nm 12,8; Dt 34,10). Josué aprendeu a devida lição e por ter cumprido com dedicação a sua missão acabou por receber, no fim da sua vida, a mesma designação do líder Moisés (Dt 34,5; Js 1,1.13.15): servo do Senhor (Js 24,29).

Sob esse breve fundo, sinto-me honrado e feliz por ter orientado e agora ver a dissertação da Daise Gomes da Costa contemplada na publicação da Série Teologia do Departamento de Teologia da PUC-Rio. Já pelo título, *A pedagogia de YHWH e o seu povo diante da Lei: Uma análise de Dt 31,9-13*, é possível perceber a sensibilidade da autora que, antes de ser graduada e mestre em Teologia, pela PUC-Rio, já possuía graduação em Pedagogia, exercida quer como profissional no Centro Educacional de Santíssimo (CES), quer como agente de Pastoral em sua Paróquia Sant'Ana de Campo Grande/RJ, bem como nas Escolas de Fé e Catequese *Mater Ecclesiae* e Luz e Vida.

Toda a reflexão, na presente obra, reflete o vivo interesse da autora pela Palavra de Deus; fonte inesgotável de sabedoria e de ciência que precisam ser buscadas e, acima de tudo, assimiladas para serem, devidamente, transmitidas ao ser humano. Missão particular para quem se dedica a educar e a formar tanto quem ensina como quem almeja aprender o que, pela fé, conta nessa vida: A obediência ao Senhor Deus, capaz de gerar as profundas e necessárias transformações socioeclesiais, a fim de que o bem, a justiça e a verdade sejam notórias e prevaleçam sobre a face da terra.

A autora foi minuciosa ao analisar Dt 31,9-13. Seguiu e aplicou metodologias condizentes ao estudo e ao aprofundamento tanto do seu objeto material como do seu objeto formal. Nota-se que a leitura flui em sua concatenação não de ideias, mas de posições a respeito do texto em função dos objetivos aos quais se propôs na meticulosa investigação. Sob esse aspecto, o leitor, ainda que não esteja muito habituado a esse tipo de análise, receberá uma válida lição e aprendizado sobre como ler e interpretar um texto bíblico.

Sem dúvida, a autora não só se preocupou em perceber e colher a pedagogia subjacente ao texto, mas demonstrou como se deve trilhar um caminho pedagógico para se atingir uma meta sublime e condizente com a realidade atual: A preocupação com a formação das novas gerações. Esta é uma condição *sine qua non* para se vislumbrar um futuro melhor e promissor; mais humano, solidário e fraterno.

Que possamos aprender com o Senhor Deus a estabelecer metas claras e eleger estratégias capazes de alcançar a realização de planos educacionais envolventes e renovadores, em que as virtudes teologais – fé – esperança – caridade –, iluminem e dirijam as decisões, a fim de que se perceba duas realidades. 1ª) Que a justiça divina não anula a misericórdia e vice-versa. 2ª) Que na Sagrada Escritura não existe teologia que não seja antropológica e que, também, não existe antropologia que não seja teológica. Nisso se contempla, plenamente, Gn 1,26-27 e Jo 1,14.

Que o leitor desta obra possa fazer um devido uso dessas duas realidades, como se fossem os dois trilhos do trem da sua vida a ser vivida, segundo o projeto pedagógico-salvífico do Senhor Deus: Não quer e não tem prazer com a morte do pecador, mas que se converta e viva (Ez 18,23.32; 33,11), e quer que todo ser humano seja salvo e chegue ao pleno conhecimento da verdade (1Tm 2,4), Jesus Cristo, nosso caminho, verdade e vida rumo à glória de Deus Pai na unção do Espírito Santo.

Que a educação se renove no mundo e que aumentem os seres humanos de boa vontade.

Prof. Pe. Leonardo Agostini Fernandes (PUC-Rio)

Introdução

O Livro de Deuteronômio fecha o *corpus* da Torá. É composto por 34 capítulos que podem ser divididos em quatro partes, usando como critério de divisão os quatro grandes discursos de Moisés, no seu último dia de vida: "se trata do dia mais longo de toda a permanência no deserto"[1].

Moisés discursa ao povo nas estepes de Moab e lança, no seu presente histórico, um olhar para o passado (rever as experiências) em função do futuro (aplicar as experiências à vida prática). A renovação da aliança é a base das relações entre YHWH e Israel.

No centro do estudo realizado está o movimento dessas relações, com base em Dt 31,9-13. Foca-se, principalmente, na história e na caminhada desse povo, pois essa marcha, rumo à Terra de Canaã, apresenta momentos de grande fé e de fidelidade a YHWH, mas também momentos de esquecimento, revolta e infidelidade por parte do povo. Subjaz a isso uma percepção: "O ser humano é uma criatura que depende da obediência e foi criado para ela"[2]. Para tanto, alguns elementos que iluminam o campo da pesquisa foram enfatizados e a obediência é o ponto alto e que norteia o sentido buscado nesse estudo, confirmando que Deus é o Deus da segunda chance. Um dos maiores temas do Livro de Deuteronômio é que a bondade de Deus foi demonstrada vez após vez, apesar das falhas e rebeliões do povo[3].

O estudo sobre Dt 31,9-13 evidencia um projeto pedagógico de YHWH na formação de uma nação que dispôs e separou para si, evidentemente, com o propósito de atingir os demais povos e nações. Israel deverá ser sinal para todos, servirá como exemplo e paradigma de uma nação cuja fé está centrada em um único

---

1. SKA, J.L. *I nostri padri ci hanno raccontato*, p. 24.

2. BRUEGGMANN, W. *Teologia do Antigo Testamento*, p. 598.

3. CHAMPLIN, R.N. *O Antigo Testamento interpretado*: versículo por versículo, p. 15.

Deus, pelo qual a justiça e a paz são o reflexo do seu grande amor, pois escolheu um povo simples e humilde e, através deste, quer mostrar para toda a humanidade a sua força e o seu poder salvífico. O mundo temeu o povo de Israel, porque esse povo tinha um Deus superior a todas as divindades cultuadas na época. Sendo assim, o Deus de Israel se tornou conhecido, pois a sua imagem foi refletida através de Israel, principalmente pela postura de seus líderes. Então, todas as nações puderam conhecer o Deus forte e soberano do povo de Israel.

Por sua pedagogia, YHWH se fez conhecido a todos os povos através de um grupo de pessoas – que eram grandes em número (quantidade), mas pequenos em importância (escravos no Egito) – e transformou toda essa gente em uma nação organizada e estruturada em função da Torá (teocracia), mas também respeitada e temida diante de seu Deus. Israel foi feito sinal de salvação para os demais povos. A sua frente estava YHWH, o grande Pedagogo que conduziu essa história através do seu servo, Moisés, profeta inigualável (Dt 34,10-12).

A vida se faz de escolhas. Pode-se vagar pelo deserto da incredulidade, do egoísmo e da desobediência ou entrar na Terra Prometida, assumir batalhas e experimentar provações, confiando que YHWH requer fé e obediência[4].

O presente trabalho divide-se em sete partes: uma introdução, três capítulos, que correspondem ao desenvolvimento do conteúdo pesquisado, as considerações finais, os anexos e as referências bibliográficas.

No primeiro capítulo são apresentadas as preliminares hermenêuticas; um parecer geral sobre as questões básicas que envolvem o Livro de Deuteronômio, como suporte para se compreender os capítulos subsequentes. Foram destacados, de forma geral, alguns pontos importantes da obra, como: título, dinâmica do livro, forma literária, estilo, temas principais, objetivos teológicos e pedagógicos. A atenção dispensada à autoria, datação e composição, apresentou os problemas relativos e algumas hipóteses que ainda estão longe de oferecer uma palavra final. Esse capítulo é finalizado com uma abordagem sobre a figura do grande líder Moisés, o escolhido por YHWH, e na sequência lança-se um olhar para Josué, seu sucessor, demonstrando o valor dos ensinamentos da Torá e a sua pedagogia que fizeram dele um grande líder, começou como "auxiliar de Moisés" (Js 1,1) e terminou sua carreira como "servo de YHWH" (Js 24,29), mesmo título pelo qual o próprio YHWH havia designado Moisés (Js 1,2).

O segundo capítulo está dedicado ao estudo exegético de Dt 31,9-13. Foram seguidos os passos do Método Histórico-Crítico: a tradução segmentada do texto, seguida pelas notas de crítica textual, que verificou as variantes do texto

---

4. WIERSBE, W.W. *Comentário bíblico-expositivo*, p. 489.

com o intuito de estabelecer o texto mais próximo do original. Em seguida, foi feita a análise criteriosa do texto, a partir da sua delimitação, unidade, organização, estrutura e gênero literário, observando que foi possível visualizar a estrutura de forma simétrica.

No terceiro capítulo apresenta-se o comentário exegético de Dt 31,9-13. Seguiu-se a estrutura adotada evidenciando os aspectos sintáticos, semânticos, teológicos, pelos quais foi possível compreender melhor a mensagem e os seus particulares pedagógicos. Nesse sentido, buscou-se comprovar a validade do conhecimento de YHWH e da sua vontade serem capazes de determinar o comportamento a ser pautado na verdade, no bem e na prática da justiça.

Visto que o comentário foi feito a partir da forma final e canônica do texto, segundo a sua divisão em seções, considerando-se o contexto próximo e remoto, o uso da abordagem sincrônica favoreceu a percepção e a compreensão da mensagem teológica de Dt 31,9-13.

Nas considerações finais, buscou-se apresentar a síntese das principais etapas realizadas e abordadas, fundamentadas nas referências bibliográficas que foram utilizadas para a presente dissertação. Além disso, três anexos permitem a visualização de certas informações que foram aludidas nas notas de rodapé.

Capítulo 1 | Preliminares hermenêuticas

1.1 Um olhar geral para o Livro de Deuteronômio

Há quem considere o Livro de Deuteronômio um dos mais importantes, atribuindo-lhe a imagem da "batida do coração do AT"[5]. Dos rolos encontrados em *Qumran* a maior quantidade de cópias se tratava do Livro de Deuteronômio (15 cópias), ao passo que dos demais livros o máximo de cópias encontradas foram 5, o que denota um grande interesse por esta obra[6].

Para o cristianismo não é diferente; o Livro de Deuteronômio está entre os três livros mais citados no NT, ao lado de Isaías e do Saltério[7], inclusive o próprio Jesus citou esse livro diversas vezes[8]. A relevância desse livro o torna a base para se estabelecer uma interface entre a teologia do AT e a do NT[9].

Na Bíblia Hebraica, os títulos dos livros são dados a partir das primeiras palavras que abrem cada obra. No caso de Deuteronômio, o livro começa da seguinte forma: "Estas são as palavras" (אֵלֶּה) הַדְּבָרִים[10]. O uso do título "Deuteronômio" se deu em virtude da tradução da LXX e provavelmente, advém de Dt 17,18, em que se tem a expressão: "cópia da Lei" (אֶת־מִשְׁנֵה הַתּוֹרָה). O(s) tradutor(es) do Livro de Deuteronômio, que traduziram do hebraico para o grego, sabiam que מִשְׁנֶה significava tanto "cópia" como "segunda lei" (τὸ δευτερονόμιον τοῦτο), visto que em Dt 28,69–30,20 encontra-se uma renovação da aliança, que havia sido

---

5. HAYS, J.D.; DUVALL, J.S. *Manual bíblico ilustrado vida*, p. 108.

6. STORNIOLO, I. *O Livro do Deuteronômio*, p. 7.

7. Segundo HOFF, P. (O Pentateuco, p. 256): O NT refere-se a Deuteronômio e cita-o mais de oitenta vezes. Parece que era um dos livros prediletos de Jesus, pois Ele o citava amiúde. Segundo PAPOLA, G. (Deuteronomio, p. 12): No NT, Deuteronômio é o quinto livro em ordem ao número de citações após Salmos, Isaías, Gênesis e Êxodo. Sobre citações e alusões do Livro de Deuteronômio no NT, cf. anexo 3.

8. Mt 4,4.7; 5,21.27.38.43; 15,4; 19,18-19; 22,37; Mc 7,10; 10,19; 12,29-31; 13,27; Lc 4,4.8.12; 10,27; 18,20.

9. STORNIOLO, I. *O Livro do Deuteronômio*, p. 7.

10. CRAIGIE, P.C. *Comentários do Antigo Testamento – Deuteronômio*, p. 17.

selada com os libertos no Horeb/Sinai[11], com a geração que adentraria em Canaã. Do grego "δευτερονόμιον" chegou-se ao latim "deuteronomium", e assim, passou para as demais traduções em vernáculo. No seu conjunto, o Livro de Deuteronômio contém memórias sobre o tempo do deserto, instruções e exortações sobre a futura conquista da Terra de Canaã e sobre o relacionamento de Israel com os seus habitantes[12].

O fato de o livro conter um Código legislativo (Dt 12–26*)[13], não significa que o(s) autor(es) quisesse(m) que o livro servisse como um manual de leis, para aqueles que iriam administrar essas leis, como: sacerdotes, anciãos, juízes e reis.

Apesar de no interno do Livro de Deuteronômio se encontrar um bloco de leis, classificadas tanto pelo caráter apodítico como casuístico[14], de qualquer forma, estão associadas a elas vários discursos exortativos que se entrelaçam mostrando uma característica peculiar dentro do livro: é uma lei pregada que vincula as partes da aliança[15].

A legislação contida no Livro de Deuteronômio expressa a vontade de YHWH que deve ser observada e obedecida. O livro, porém, não trata de um código judicial em si, mas coloca as leis em função da fé como obediência incondicional do povo a YHWH. As leis atestam ensinamentos que sugerem um estilo de vida diferente, que permite receber e desfrutar das bênçãos de YHWH[16].

O maior propósito de Moisés, grande interlocutor protagonista no livro, foi o de persuadir o povo a uma entrega total de vida voltada para YHWH. Isto, diretamente, significa amá-lo de todo coração, de toda a alma e com toda

---

11. Segundo YAMAUCHI, E. (חֹרֵב. In: HARRIS, R.L.; ARCHER, G.L.; WALTKE, BK. DITAT, p. 525). Nome alternativo para o Monte Sinai, derivado de חָרֵב. Significa "região desolada". Ocorre 17 vezes, das quais nove em Deuteronômio. A hipótese documentária sugere que este nome que designa a montanha de Deus é característico de D e E (Ex 3,1; 17,6; 33,6), ao passo que Sinai é usado nas seções de J e P (cf. Dt 33,2).

12. WIERSBE, W.W. Comentário bíblico-expositivo, p. 490.

13. O Livro de Deuteronômio surgiu, em grande medida, como nova edição do livro da aliança, sob o critério da reivindicação de centralização do culto (SCHMID, K. História da literatura do Antigo Testamento, p. 134).

14. Existiam classes de leis: As leis de caráter casuístico seguem a forma do "se" e expõem o caso com precisão. Tratam dos casos litigiosos da vida diária da comunidade. Já as leis de caráter apodítico são formuladas em declarações breves, suscintas, geralmente, introduzidas por imperativos afirmativos ou negativos, como os Dez Mandamentos. São sentenças que expressam uma ordem ou proibição: "Tu farás" ou "não farás" (RENDTORFF, R. A formação do Antigo Testamento, p. 11-12).

15. Segundo BROWN, R. (Entendendo o Antigo Testamento, p. 37): Por todo o Oriente Médio, sempre que dois reis queriam fazer algum tipo de pacto ou acordo, um tipo de tratado especial era redigido. Esses tratados seguiam modelos claramente definidos e sua estrutura era algo assim: começavam com uma declaração do autor do tratado, depois algum detalhe histórico era fornecido, seguido pelas estipulações e exigências. O tratado era concluído, dando-se detalhes do combinado sobre a sucessão (caso morresse o autor) e um trecho final mencionava uma série de bênçãos (se o tratado fosse cumprido) e maldição (caso fosse quebrado).

16. THOMPSON, J.A. Deuteronômio introdução e comentário, p. 13.

a força (Dt 6,5). Assim, Israel deve adorar um único Deus e isso servirá de testemunho para as outras nações[17]. Desta forma, verifica-se que o princípio básico do livro é histórico-salvífico, pois se caracteriza pela eleição de um povo que, liberto da escravidão, foi chamado a ser sinal de salvação, não só para si, mas para todos[18].

Desta forma, pode-se entender que o título dado na Bíblia Hebraica, "Estas são as palavras", é um convite a adentrar no seu conteúdo e a descobrir o seu propósito: o registro das palavras proferidas por Moisés ao "novo Israel"[19], visando o grande projeto de YHWH a ser ensinado às futuras gerações.

Com estilo exortativo o orador usa palavras destinadas a captar a atenção e a mover a congregação ao compromisso e obediência ao Deus da aliança[20]. Como se pode verificar, o livro está redigido na forma de discursos de Moisés que se deram "do outro lado do Jordão, na Terra de Moab" (Nm 36,13; Dt 1,1-5)[21].

Analisando a forma literária empregada no Livro de Deuteronômio, percebe-se, do ponto de vista pedagógico e teológico, as intenções que se desdobram nos livros que se seguem (Js–Rs). De qualquer forma, o Livro de Deuteronômio, finalizando a Torá, mostra pela ação de Moisés, mestre exemplar, como proceder na formação e na execução das leis[22].

Quanto aos discursos de Moisés que compõem a obra final e canônica do Livro de Deuteronômio, podem ser divididos em dois momentos:

O bloco Dt 1–11 seria um olhar para trás; foi, eventualmente, o momento utilizado por Moisés para fazer memória do passado, ouvir e recordar os feitos de YHWH, tudo o que operou extraordinariamente na vida do povo que libertou da escravidão do Egito. Inclusive lembrou dos patriarcas e da primeira aliança[23].

---

17. CHAMPLIN, R.N. *O Antigo Testamento interpretado*: Versículo por versículo, p. 5.

18. SCHMIDT, W.H. *Introdução ao Antigo Testamento*, p.127-133.

19. Nessa dissertação, Israel será usado como o povo destinatário dos últimos discursos de Moisés no Livro de Deuteronômio. Trata-se de um "novo Israel", nascido durante o tempo do deserto. Apenas Josué e Caleb, pertencentes à geração dos libertos, entrarão em Canaã com suas famílias (Nm 14,38).

20. CRAIGIE, P.C. *Comentários do Antigo Testamento – Deuteronômio*, p. 17.

21. GRADL, F.; STENDEBACH, F.J. *Israel e seu Deus*, p. 39.

22. LAMADRID, A.G. *História, Narrativa, Apocalíptica*, p. 42. O Livro de Deuteronômio pode ser lido tanto no contexto do Pentateuco, fechando a Torá, quanto na sequência dos livros históricos, abrindo a programática historiografia Deuteronomista (ROSE, M. *Deuteronômio*. In: RÖMER, T.; MACCHI, J.D.; NIHAN, C. *Antigo Testamento*, p. 260).

23. Os três patriarcas – Abraão, Isaac e Jacó – são mencionados juntos por sete vezes em Dt 1,8; 6,10; 9,5.27; 29,13; 30,20; 34,4. A ênfase sobre a Terra Prometida é constante, repete-se por quase duzentas vezes nesse livro. De acordo com o pacto Abraâmico, a Terra Prometida fazia parte da herança dada por YHWH. Essa promessa fora transmitida aos outros patriarcas – Isaac e Jacó – e agora estava sendo conferida aos Israelitas de várias gerações posteriores (CHAMPLIN, R.N. *O Antigo Testamento interpretado*:

O bloco Dt 12–34 pode ser considerado um olhar para frente, pois Moisés após fazer a ampla retrospectiva, considerando pontos importantes do passado, lembra que é hora de colocar em prática o que foi vivenciado e aprendido. Além das pregações e ensinamentos administrados por Moisés durante os quarenta anos de permanência no deserto, Moisés, antes de morrer, também "deixa por escrito" o Livro da Lei[24].

Em síntese, o Livro de Deuteronômio, em sua forma geral, retrata uma série de discursos em que o protagonista é sempre YHWH ou Moisés. Esses discursos culminam no relato da morte de Moisés, quarenta anos depois da saída do Egito. A moldura narrativa apresenta quatro blocos de discursos que representam, de certo modo, o "testamento" de Moisés[25]. Esses discursos soam como uma longa despedida do grande líder, com instruções pertinentes para que Israel prossiga a jornada, sob o comando de Josué, seu sucessor, – e finalize o objetivo do grande projeto pedagógico de YHWH: a entrada e a conquista de Canaã, cumprimento da promessa feita aos patriarcas[26].

Outrossim, ao se observar a didática aplicada por YHWH no Livro de Deuteronômio, a fim de apresentar uma teologia que está elaborada em uma linha pedagógica, nota-se um vivo interesse por orientar o povo escolhido, conduzindo-o a compreender esse projeto pedagógico que YHWH determinou em favor de Israel, e, a partir deste, como um projeto a ser estendido para todas as nações. Por isso, o livro visa a unidade e conduz a cinco pontos cruciais para se atingir a qualificação esperada por YHWH: um Deus, um povo, uma Lei, uma terra e um santuário.

A unidade, assim desdobrada, mostra que os temas não são estanques; mas devem, ainda que individualmente, serem entrelaçados, pois estão vinculados à mesma trama, em que os fatores pedagógicos e teológicos irão dar margem a outros temas, como: eleição, aliança, bênção, maldição. Tudo isso

---

Versículo por versículo, p. 9).

24. Noth observou que "em todos os momentos importantes no decurso da história, Dtr apresenta a personagem mais importante pronunciando um discurso voltado para frente e para trás, em uma tentativa de interpretar o curso dos acontecimentos" (RÖMER, T. A chamada história deuteronomista, p. 31).

25. "O Livro do Deuteronômio emprega uma série de rodeios típicos, sem paralelos nos outros quatro livros do Pentateuco. Assim, as expressões 'amar a YHWH' (Dt 6,5; 10,12; 11,1.13.22; 13,4; 19,9; 30,6.16.20), 'com todo o teu coração e com toda a alma' (4,29; 6,5; 10,12; 11,13; 13,4; 26,16; 30,2.6.10), 'fazer o que é reto e bom aos olhos de YHWH' (6,18; 12,25.28; 13,19; 21,9), 'o lugar que YHWH escolherá para fazer morar/colocar ali o seu nome' (12,5.11.21; 14,23.24; 16,2.6.11; 26,1) etc. Esses e muitos outros rodeios, juntamente com a tonalidade parenética, dão um distintivo especial ao livro, conhecido como 'linguagem e estilo deuteronomistas'" (LÓPEZ, F.G. O Pentateuco, p. 27).

26. ZENGER, E. et. al. Introdução ao Antigo Testamento, p. 48.

forma o grande conjunto de uma obra tão especial como o Livro de Deuteronômio[27].

Um olhar para o Livro de Deuteronômio, como pedagogia de libertação, salvação e justiça, tem como finalidade principal elevar um povo simples à condição de nação eleita[28] e agraciada por YHWH em função da aliança que foi estabelecida a partir do Monte Horeb/Sinai. Esta aliança tem Moisés como o principal intermediário, cujo objetivo principal é estabelecer Israel como nação teocrática[29], tendo como pátria a Terra Prometida e como contrato a legislação que foi mediada por Moisés[30].

Por isso, uma das preocupações do livro é ligar as leis deuteronômicas (Dt 12–26*) ao decálogo (Dt 5,1-21), pois as duas foram concebidas sob a autoridade de Moisés, único e especial intermediário, "a quem YHWH conhecia face a face" (Dt 34,10). O propósito principal de YHWH é, sem dúvida, o de atingir Israel de forma eficaz para que através do seu coração e da sua inteligência, formados por uma justa legislação, se comovam, se convençam e se deixem influenciar pela proposta de YHWH. Assim, através do seu conhecimento e dos seus sentimentos, possa aderir totalmente à dinâmica de vida que YHWH propõe para Israel[31].

O Livro de Deuteronômio é um tesouro precioso de conceitos teológicos que influenciou os profetas responsáveis pela "História Deuteronômica", os profetas anteriores, bem como os posteriores. Não é de se admirar que muitos estudiosos se interessam em adentrar no conteúdo desse livro, tamanha é a sua importância dentro da Sagrada Escritura[32]. A vida religiosa de judeus e cristãos, influenciados pela proposta de justiça social denotam que seus ideais teológicos

---

27. LÓPEZ, F.G. *El Deuteronomio – una ley predicada*, p. 6.

28. A singularidade de Israel também é apresentada em uma perspectiva de caráter social. O povo de Israel é de fato essencialmente um povo de irmãos, e a fraternidade não se limita aos estreitos laços de sangue, mas pertence ao povo de YHWH (PAPOLA, G. *Deuteronomio*, p. 22).

29. Na aliança estabelecida no Monte Horeb/Sinai, com a entrega da Lei a Moisés, compreende-se que o plano de YHWH envolvia um reino teocrático, no qual o próprio Deus seria o Rei de Israel (LINDSAY, G. *Moisés, o legislador*, p. 25).

30. HARRINGTON, W.J. *Chave para a Bíblia*, p. 218.

31. No que se refere ao Código Deuteronômico, pode-se refletir que ele tenha a intenção de fazer uma reflexão acerca do Decálogo e do Código da Aliança (Ex 20,22–23,19), na forma de uma edição atualizada. A explicação está no fato de que o autor do Livro de Deuteronômio viveu muito tempo depois do "tempo da narração", ou seja, em uma época em que os acontecimentos já haviam ocorrido, portanto, o pano de fundo social, político e religioso que fazia parte do contexto ao qual o livro foi escrito era: infidelidade à aliança, opressão política, exploração econômica, idolatria, problemas sociais, lutas e outros (STORNIOLO, I. *O Livro do Deuteronômio*, p. 9-12).

32. LASOR, W.S.; HUBBARD, D.A.; BUSH, F.W. *Introdução ao Antigo Testamento*, p. 129.

e pedagógicos continuam válidos e ajudam a orientar o ser humano na sua busca pela verdadeira felicidade.

1.2 Autoria, datação e composição

Por longos séculos, a autoria de todo o Pentateuco[33] foi atribuída a Moisés[34]. Judeus e cristãos, seguindo a tradição, associaram a Moisés a autoria dos cinco primeiros livros do AT. Com a evolução da pesquisa, porém, diversos pontos foram questionados e comprovaram que Moisés não poderia ser o único autor do Pentateuco. O ponto de partida para o questionamento foi Dt 34, que narra a morte e o sepultamento de Moisés. Obviamente, não seria possível Moisés narrar a sua própria morte[35].

A partir de então a pesquisa cresceu e muitos outros pontos de divergências foram apontados no *corpus* do Pentateuco, por exemplo, a questão de quantos dias durou o dilúvio: quarenta (Gn 8,6) ou cento e cinquenta dias (Gn 7,24)? As duplicatas: dois relatos da vocação de Moisés (Ex 3,1–4,17; 6,2–7,7); duas versões do Decálogo (Ex 20,2-17 e Dt 5,6-21)[36].

Isso levou a crer que Moisés não pode ser o único autor da obra. No entanto, não se alcançou ainda um consenso sobre quem seria(am) o(s) autor(es). Várias possibilidades foram levantadas e estão relacionadas a épocas diferentes, mas em si, o problema não foi solucionado. Os estudos avançam, mas a questão continua aberta, de modo que a questão da autoria se liga à da datação e da composição.

O(s) autor(es) do Livro de Deuteronômio sabia(m) que se dirigia(m) a uma sociedade dividida por classes sociais. Mas o projeto pedagógico inspirado por YHWH era para uma sociedade de irmãos, sem divisões entre classes. Seu objetivo era formar um único povo socialmente vinculado à fraternidade. Portanto, subjaz à autoria do Livro de Deuteronômio uma reflexão teológica sobre uma base sociológica. Enfim, um grande projeto de reforma religiosa, caracterizado

---

33. "O Pentateuco pode ser entendido como uma 'biografia de Moisés', sendo que os livros do Êxodo ao Deuteronômio cobrem sua vida desde o nascimento (Ex 2) até à morte, enquanto o Livro de Gênesis constitui uma espécie de prólogo à história de Moisés e à história do Êxodo" (RÖMER, T. *A chamada história deuteronomista*, p. 9).

34. Até o início do séc. XX se pensava que todo o conjunto do Pentateuco havia sido escrito por Moisés, mas com a evolução das pesquisas chegou-se ao entendimento que o Pentateuco é resultado de muitas mãos, de vários locais e épocas diferentes (LUZA, N. *Uma introdução ao Pentateuco*, p. 7).

35. LÓPEZ, F.G. *El Deuteronomio* – una ley predicada, p. 7-8.

36. Segundo PURY, A. (*O Pentateuco em questão*, p. 21): Uma maneira bastante óbvia de tentar resolver o problema das contradições, dos dobletes e das diferenças de estilo foi distribuir as passagens em conflito por fontes, documentos ou camadas redacionais diferentes.

pelos dois reis ótimos, Ezequias[37] e Josias[38], com implicações políticas e sociais, que culminariam em uma mudança sociorreligiosa condizente com a vontade de YHWH[39].

Quanto à datação, os problemas não são menores, oscilam desde o próprio tempo de Moisés, aproximadamente 1230 até 400 a.C. Sobre tal ponto, ainda não se chegou a um acordo condizente. Algumas hipóteses foram levantadas:

Samuel e Davi (sécs. XI–IX a.C.): Acredita-se que o Livro de Deuteronômio possa ter sido compilado na época do sacerdote e último Juiz Samuel, e se estendido provavelmente até o reinado de Davi; supõem-se, ainda, que possa ter chegado até os primeiros anos após a morte de Salomão[40].

Profetas do séc. VIII a.C.: Nesse caso, há uma ligação entre as passagens bíblicas que se relacionam e que podem ter sido influenciadas por elementos contidos no Livro de Deuteronômio em sua redação. Por exemplo a lei dos marcos (Dt 19,14) parece ser conhecida por Oseias (Os 5,10); sobre a medida padrão (Dt 25,13-16) parece ser conhecida por Amós (Am 8,5) e, também, por Miqueias (Mq 6,10-11); sobre a devolução do dízimo (Dt 14,28) parece ser conhecido por Amós (Am 4,4); e sobre a autoridade do sacerdócio que parece ter sido conhecida por Oseias (Os 4,4-10). Contudo, esses paralelos não provam necessariamente que os profetas dessa época tiveram contato com o Livro de Deuteronômio[41].

Profetas do séc. VII a.C.: Segundo Ernest Wilson Nicholson (1938–2013) o livro se originou no reino do Norte a partir de um corpo profético estabelecido. Mas devido à queda de Samaria esse grupo se desloca para Judá. Para ele a composição se deu durante o período do reinado de Manassés. Um período sombrio

---

37. Ezequias aproveitou a ocasião da morte do Rei Sargon, em 705 a.C. e as sucessivas revoltas que ocorreram em relação ao novo Rei Senaquerib, para se livrar da soberania assíria, e assim, alargar as fronteiras do Reino de Judá (2Rs 18,8; 2Cr 30,1-2). Começou a empreender reformas religiosas importantes de cunho político e religioso (2Rs 18,22). Infelizmente, esse renascimento durou pouco, pois Senaquerib retomou o domínio da região no ano de 701 a.C. e restabeleceu a soberania assíria. (LÓPEZ, F.G. *El Deuteronomio – una ley predicada*, p. 14).

38. "No séc. VII a.C. aparece o Deuteronômio primitivo (12–26*), descoberto no tempo de Josias (622/1 a.C.), no Templo de Jerusalém, que inclui normas e instituições dos camponeses do Norte, e mais tarde foi completado, formando o atual texto de Dt 1–28" (LUZA, N. *Uma introdução ao Pentateuco*, p. 10).

39. "À diferença da tradição sacerdotal, o Deuteronômio não faz distinção entre tribos e famílias, nem entre classes sociais. Ao contrário, seu ideal é fazer com que todos, do rei ao último escravo, sejam irmãos" (LÓPEZ, F.G. *El Deuteronomio – una ley predicada*, p. 11-12).

40. THOMPSON, J.A. *Deuteronômio introdução e comentário*, p. 53.

41. John William Colenso (1814-1883) debruçou-se a fazer um exame detalhado do vocabulário usado no Livro de Deuteronômio e destacou a diferença deste vocabulário em relação aos quatro primeiros livros do Pentateuco e, também, assinalou a sua proximidade com a linguagem dos profetas anteriores (RÖMER, T. *A chamada história deuteronomista*, p. 25; HAMILTON, V.P. *Manual do Pentateuco*, p. 427; THOMPSON, J.A. *Deuteronômio introdução e comentário*, p. 51).

para a fé de Israel, mas em contrapartida, vem em seguida um período de esperanças com o reinado de Ezequias. É nesse período que começa a ser traçado um projeto de reforma tendo Jerusalém como sede política e religiosa.[42]

Sacerdotes levitas do séc. VII a.C.: O livro pode ter tido sua origem no reino do Norte, onde os levitas haviam preservado antigas leis e tradições da aliança. Para Gerald Von Rad (1901–1971), os sacerdotes levitas eram os porta-vozes do movimento de reforma do culto e foram os verdadeiros autores do Livro de Deuteronômio. George Ernest Wright (1909–1974) aceitou o ponto de vista de Von Rad, concordou com o fato de que foram os sacerdotes levitas do Norte que guardaram as tradições mosaicas, mas discordou que tenham sido eles os autores[43].

Escribas entre os sécs. VIII–VII a.C.: Uma possibilidade de autoria se relaciona também com os escribas que atuaram no período que vai de Ezequias a Josias. Presume-se que os autores do Livro de Deuteronômio tenham sido membros do círculo literário presente na corte, especificamente, escribas[44].

Desta forma, pode-se falar de atividade literária e história política, pois o livro encontrado no Templo exerceu certa influência sobre a política do rei (2Rs 22,3–23,27). E, provavelmente, acontece nesse período uma nova edição da obra em vista de enquadrá-la nas experiências concretas dessa época[45].

Sábios do séc. VII a.C.: Moshe Weinfeld (1925–2009) assegurou que o Livro de Deuteronômio só poderia ser obra de sábios escribas. Importante destacar que no final do séc. VII a.C. e início do VI a.C., os sábios, profetas e sacerdotes agiam como grupos independentes, conforme demonstram os textos de Jr 18,18 e Ez 7,26[46].

Corrente Sacerdotal dos sécs. VI–V a.C.: Para Gustav Hölscher (1877–1955), o Livro de Deuteronômio foi escrito por sacerdotes por volta do ano 500 a.C., no pós-exílio. Partiu do princípio, que Ageu e Zacarias tiveram pouco contato com o Livro de Deuteronômio, mas em contrapartida, encontrou muitos pontos de contato (referências ao Livro de Deuteronômio) no Livro de Malaquias. Para ele, o Livro de Deuteronômio se tratava de um documento particular, vol-

---

42. RÖMER, T. *A chamada história deuteronomista*, p.158.

43. THOMPSON, J.A. *Deuteronômio introdução e comentário*, p. 59-60; HAMILTON, V.P. *Manual do Pentateuco*, p. 427.

44. ZENGER, E. et. al. *Introdução ao Antigo Testamento*, p. 105.

45. ROSE, M. Deuteronômio. In: RÖMER, T.; MACCHI, J.D.; NIHAN, C. *Antigo Testamento*, p. 271.

46. Em Jr 8,8, tem-se uma afirmação: "Como podeis dizer: 'Nós somos sábios e a lei de YHWH está conosco!'" Jeremias está exortando os sacerdotes e alerta que os sábios ficarão envergonhados, pois a corrupção e a injustiça haviam entrado e contaminado a classe sacerdotal (HAMILTON, V.P. *Manual do Pentateuco*, p. 428).

tado somente para o uso dos sacerdotes em Jerusalém[47]. Os textos mais antigos teriam a ver com textos sacerdotais que remontam ao período pós-exílico[48].

Escola Deuteronomista do séc. VI–IV a.C.: A História Deuteronomista é concebida em uma perspectiva exílica. Disto se deduz que os deuteronomistas faziam parte do grupo levado para Babilônia na primeira deportação em 597 a.C. É provável que tenham levado rolos da biblioteca do Templo e os reescreveram na Babilônia. Para Noth, o deuteronomista foi um historiador que usou tradições antigas, dando um novo arranjo, ou seja, atualizando-as. "A atitude do Dtr para com suas tradições é a de um 'corretor honesto'"[49].

Admitir a história Deuteronomista, considerando o Livro de Deuteronômio, levaria a crer que o objetivo seria o de explicar tais desastres e narrar os acontecimentos desde a conquista da Terra Prometida até sua perda para Nabucodonosor, rei da Babilônia. Dt 29,21–30,14 seriam uma alusão "pós-evento", justificando que tais fatos foram concretizados como Moisés havia previsto. Israel não observou a Lei e se manteve constantemente na infidelidade a aliança com YHWH. Desta forma, pode-se dizer que o Livro de Deuteronômio em uma primeira fase se tornou a base da história Deuteronomista que vai culminar no segundo Livro de Reis: Dt, Js, Jz, 1-2Sm, 1-2Rs[50].

Esdras entre os séculos V–IV a.C.: Alguns estudiosos, portanto, asseguram que o autor da Torá teria sido Esdras, o escriba que retornou da Babilônia para reavivar a fé de Israel. Em seus estudos o francês Baruch Spinosa (1632–1677) já havia chegado a essa conclusão, e declarara sem negar que as partes atribuídas a Moisés poderiam ser de sua autoria e que a Torá foi escrita por Esdras. As pesquisas continuaram avançando com Andreas Masius (1514–1573) e Richard Simon (1638–1712) e até hoje ainda se defende essa ideia. Alguns textos importantes, que serviram de base para essa discussão, foram: Ne 8; 2Rs 22–23; Ex 24,3-8[51].

---

47. THOMPSON, J.A. *Deuteronômio introdução e comentário*, p. 47-67.

48. SKA, J.L. *O canteiro do Pentateuco*, p. 17.

49. "Quando Noth criou a 'História Deuteronomista', ele não tinha dúvida nenhuma de que toda a obra era sobretudo uma reflexão sobre a derrota de Jerusalém e o 'exílio'. Desde então, o exílio sempre desempenhou um papel central na interpretação da História Deuteronomista" (RÖMER, T. *A chamada história deuteronomista*, p. 32.112.162).

50. Segundo AZCÁRATE, J.L.L. (*Deuteronomio*, p. 23-24): "Parece claro que as edições deuteronomísticas de Deuteronômio realizadas durante o exílio na Babilônia pretendem responder à questão de se a segunda geração do exílio retornará à terra ou deverá seguir pagando a culpa de seus pais, a primeira geração que morreu no exílio. De alguma forma, a nova aliança em Moab é a resposta e a nova aliança que também fez YHWH com a segunda geração".

51. SKA, J.L. *O canteiro do Pentateuco*, p. 185-187.

Esdras é admitido como uma figura-chave da etapa decisiva de composição de Deuteronômio e de todo o Pentateuco. Sobretudo, porque ele era um comissário imperial no reino persa e sacerdote-escriba judeu. Por volta de 400 a.C. promulgou em Jerusalém um Código de leis que foi aprovado pelos persas, que constituiu o documento base da identidade judaica, um tipo de "autorização imperial"[52].

Apesar de todo esse debate e diferentes posicionamentos não há consenso entre os estudiosos, mas, de qualquer forma, tudo indica que uma parte do material do livro é de origem antiga, provavelmente do tempo de juízes, quando o sistema era ainda tribal, em forma ou regime de confederações. Quanto aos acréscimos, revisões e atualizações foram ocorrendo no decorrer do tempo, em que provavelmente passou por diversas mãos[53].

É difícil elucidar quem ou quais círculos seriam os maiores responsáveis pelo processo de formação do Livro de Deuteronômio[54] e a sua ligação com a História Deuteronomista. Pode-se atribuir a círculos distintos: 1) Aos círculos sacerdotais de levitas, dado o protagonismo dos levitas no Livro de Deuteronômio e a preocupação social que este demonstra por eles[55]; 2) Aos círculos proféticos dos sécs. VIII e VII a.C., dado alguns temas comuns, como o amor de YHWH por seu povo, a denúncia da infidelidade de Israel, a luta contra a idolatria, as evocações da tradição do êxodo, e a preocupação com a justiça social[56]; 3) Aos círculos sapienciais, dadas algumas conexões com a literatura sapiencial.

Ao lado disso, também foi sugerida uma solução eclética, considerando que o Livro de Deuteronômio tem sua origem no movimento Jerosolimitano, formado por grupos distintos, mas ao mesmo tempo superpostos que atuaram entre o reinado de Manassés e Josias (no período de sua menor idade). Um grupo formado por escribas, sacerdotes, sábios e aristocratas. Uma mescla das autoridades competentes e instruídas da época que poderiam, portanto, ter redigido o Livro de Deuteronômio[57].

---

52. ZENGER, E. et. al. *Introdução ao Antigo Testamento*, p. 51.

53. THOMPSON, J.A. *Deuteronômio introdução e comentário*, p. 66.

54. Cf. anexo 2.

55. Dt 12,12.18-19; 14,27.29; 16,11.14; 17,18; 18,1.6.7; 24,8; 26,1-13; 27,9.14; 31,25.

56. "Vinculados ao pensamento ou teologia de profetas como Amós, Isaías, Miqueias, Oseias e, mais tarde, Jeremias, sendo difícil determinar se a influência primária procede do Deuteronômio para os profetas ou vice-versa. Basta dizer que a mesma matriz interpretativa era comum a ambos: lei e profecia" (AZCÁRATE, J.L.L. *Deuteronomio*, p. 25-26).

57. "O recorrente 'temer a YHWH', embora não exclusivamente sapiencial, é um vocabulário relacionado; cf. Dt 4,5-8, para círculos sapienciais de escribas, talvez geradores do desenvolvimento de Deuteronômio desde os tempos de Josias para os de Esdras" (AZCÁRATE, J.L.L. *Deuteronomio*, p. 25-26).

O Livro de Deuteronômio surgiu dos melhores esforços de diferentes pessoas, ou grupos, que se empenharam em interpretar e atualizar antigas tradições, e assim, manter viva a identidade de Israel e a sua relação com YHWH e a Lei. A palavra final ainda não foi dada e está longe de encontrar um ponto comum. Como se viu, inúmeras são as hipóteses para a autoria e não faltam estudos acerca do assunto, mas a dificuldade de se chegar a um consenso continua sendo um grande obstáculo.

No que se refere ao processo de composição do Livro de Deuteronômio, três momentos cruciais da história de Israel, que envolvem o processo de elaboração do texto, podem ser destacados. O primeiro está localizado na segunda metade do séc. VIII a.C. no Reino de Israel (Norte). O segundo período equivale ao séc. VII a.C. no Reino de Judá (Sul). O terceiro período se encontra na primeira metade do séc. VI na Babilônia (cativeiro).

Com a descoberta do Livro da Lei no Templo de Jerusalém (2Rs 22,8), pode-se fazer referência ao ano de 622/1 a.C., como base de datação para tais eventos. Supõe-se, portanto, que nessa data o núcleo primitivo do Livro de Deuteronômio já existisse (Dt 12–26*)[58]. Quanto as origens, provavelmente, o início do processo de composição se deu no reino do Norte, antes da queda de Samaria em 722/1 a.C[59]. Esses escritos tiveram continuidade no reino do Sul, pois muitos israelitas migraram para Judá-Jerusalém, fugindo dos assírios. Quanto à sua conclusão, tudo indica que tenha ocorrido no cativeiro da Babilônia após a queda de Jerusalém em 587/6 a.C., prosseguindo, inclusive, ainda após o exílio[60].

O Livro de Deuteronômio passou por um longo e complexo processo de composição[61]. Em seu conjunto se encontram redações Deuteronômico-deuteronomistas[62], que foram elaboradas, provavelmente, por anciãos/escribas de Jerusa-

---

58. RÖMER, T. *A chamada história deuteronomista*, p. 24-25.

59. O indício principal que atesta a favor da hipótese de o Livro de Deuteronômio ter tido sua origem no reino do Norte são os levitas, que desde a época de Salomão haviam se localizado no Norte (STORNIOLO, I. *O Livro do Deuteronômio*, p. 26-27).

60. A fragilidade do reino dividido não impede que o Livro de Deuteronômio se dirija a "todo o Israel" (LÓPEZ, F.G. *El Deuteronomio* – una ley predicada, p. 11). "A primeira edição de Deuteronômio pode muito bem ter sido escrita sobre Josias. A última revisão, provavelmente incluindo o motivo da descoberta do livro, foi feita durante o período persa" (RÖMER, T. *A chamada história deuteronomista*, p. 55-61.71-76).

61. "Os estudos recentes admitem que o livro tem uma história de pelo menos 350 anos, de 750 a.C. a 400 a.C. Trata-se de um período longo e muito significativo, pois foi o tempo de grandes agitações nacionais e internacionais, com problemas econômicos, políticos, sociais e religiosos que trouxeram desafios fundamentais para a vida de Israel" (STORNIOLO, I. *O Livro do Deuteronômio*, p. 23).

62. De Wette foi o primeiro a falar de uma redação deuteronomista (RÖMER, T. *A chamada história deuteronomista*, p. 25).

31

lém. Mas a obra apresenta também ecos das tradições de cunho Jahwista, Elohísta e Sacerdotal, principalmente no bloco de Dt 31-34[63].

Dt 12-26* foi, provavelmente, elaborado a partir do Código da Aliança (Ex 20,22-23,19), começou a tomar sua forma talvez no tempo do Rei Ezequias e ganhou novos contornos com Josias para fundamentar as suas reformas[64].

Existiu, primeiramente, um material pré-deuteronômico: tradições vivas que davam identidade nacional ao reino do Norte, antes que fosse duramente abalada com a queda de Samaria. Contudo, as suas tradições permaneceram vivas e teriam sido levadas para o reino do Sul, onde, provavelmente, aconteceu uma fusão das tradições do Norte e do Sul. Estas, porém, teriam prevalecido sobre aquelas[65].

Nesse sentido, o Livro de Deuteronômio foi sendo "moldado aos poucos, por um longo crescimento orgânico de suas tradições a partir de cerimônias de renovação da aliança e recitações da Lei"[66]. Em sua estrutura o livro apresenta sinais que indicam um longo e importante processo de crescimento redacional[67].

Uma hipótese ainda em voga, acredita que os sacerdotes levitas do Norte tenham sido os portadores das tradições, mas a forma final do Livro de Deuteronômio deveu-se a habilidosas mãos judaítas[68]. Estudos antigos evidenciaram a questão da linguagem sapiencial que foi utilizada pelo autor sagrado, também, as construções que se assemelham aos tratados assírios, e por último, os textos em estilo diplomático, indicando assim, uma autoria por parte de funcionários da corte ou escribas. Sugere-se que círculos proféticos tenham interagido também em certas partes do livro, devido às questões socioeconômicas abordadas no conjunto legislativo[69].

---

63. "Esses anciãos eram os chefes da comunidade e tinham a responsabilidade da manutenção das tradições de Israel" (LUZA, N. *Uma introdução ao Pentateuco*, p. 45).

64. HARRINGTON, W.J. *Chave para a Bíblia*, p. 223.

65. ROSE, M. *Deuteronômio*, in: RÖMER, T.; MACCHI, J.D.; NIHAN, C. *Antigo Testamento*, p. 267-268.

66. GOTTWALD, N.K. *Introdução socioliterária à Bíblia Hebraica*, p. 364-365.

67. "As variações de estilo, as quebras de sequência e as pequenas unidades autossuficientes fazem pensar que o livro se formou aos poucos" (STORNIOLO, I. *O Livro do Deuteronômio*, p. 23). "Além disso, o estilo e o vocabulário de Deuteronômio eram considerados a marca de transição para tendências mais recentes, estando na mesma classe de outros escritos do séc. VII a.C." (THOMPSON, J.A. *Deuteronômio introdução e comentário*, p. 58).

68. RAD, G.V. *Studies in Deuteronomy*, p. 60-69.

69. Foi no tempo de Ezequias e Josias diante das reformas empreendidas em seus governos, que vem à tona a procedência cultual da aliança/lei e é a partir de então, que "os sacerdotes levitas em Jerusalém e os funcionários da corte, foram sem dúvida colaboradores em realizar reformas e em moldar o texto de Deuteronômio. Ao mesmo tempo, a pregação dos profetas do séc. VIII, Amós e Oseias no Norte e Miqueias e Isaías no Sul, havia sensibilizado sacerdotes e funcionários do governo para as urgências de justiça so-

Há cinco razões para se afirmar que o Livro de Deuteronômio, dentro do processo de formação do Pentateuco, recebeu sua forma atual por volta de 400 a.C.:

1) Não se consegue verificar no Pentateuco a influência do helenismo[70];

2) Os samaritanos assumem o Pentateuco como Sagrada Escritura após o seu rompimento cultual-religioso com Jerusalém. Isso ocorre em um tempo um pouco anterior à presença de Alexandre Magno nessa região (cerca de 330 a.C.), o que vai ocasionar uma grande influência helenista em toda a região. Sendo assim, tudo indica que a formação do Pentateuco aconteceu em ambiente persa, quando Samaria ainda era a satrapia pela qual a Pérsia controlava Judá-Jerusalém como se encontra na narrativa contida nos livros de Esdras e Neemias;

3) A tradução da Torá para o grego ocorreu, provavelmente, em meados do séc. III a.C., o que indica que ela deve ter obtido aceitação em diversas regiões, inclusive na diáspora egípcia (Alexandria e Elefantina);

4) Os importantes livros de Esdras e Neemias têm como premissa a "Torá de Moisés" (Esd 3,2; Ne 10,30; 13,1), inclusive Ne 9 possui um resumo que abarca de Gn à aflição causada pelo exílio em Babilônia e Ne 10 comenta textos de Ex–Dt;

5) Segundo a hipótese de Georg Braulik (1941-), a redação final do Livro de Deuteronômio deve ser datada por volta de 400 a.C., em que está em conexão com a inserção do Livro de Deuteronômio no Pentateuco. Portanto, é provável que a conclusão do Pentateuco tenha ocorrido no início do séc. IV[71].

Em suma, o Livro de Deuteronômio primitivo deve estar conformado basicamente por uma versão prévia do atual Código Deuteronômico (Dt 12–26*) junto com sua introdução (Dt 6,4-9)[72] e conclusão (Dt 28,1-46*). Seu contexto histórico foi o dos sécs. VIII e VII a.C., em plena dominação assíria de Israel (conquistada por volta de 722/1 a.C.) e Judá (sob a forma de vassalo), e particularmente, coincidindo com a reforma de Josias (639-604 a.C.). O restante do livro (Dt 1–4; 9,7–10,11; 28,47-68; 30–34) resulta de alargamentos posteriores ou de edições feitas durante o exílio e após o exílio[73].

---

cioeconômica, que encontrou igualmente forte expressão nas leis de Deuteronômio" (GOTTWALD, N.K. *Introdução socioliterária à Bíblia Hebraica*, p. 366).

70. Uma posição a favor dessa influência encontra-se em: WAJDENBAUM, P. *Argonautas do deserto*, p. 7-116. Especificamente sobre o Livro de Deuteronômio, p. 241-258.

71. ZENGER, E. et. al. *Introdução ao Antigo Testamento*, p. 52.

72. Interessante perceber que em Dt 6,15, o autor sagrado alude a questões futuras, como: o fim dos profetas anteriores, a destruição de Jerusalém e a deportação do povo. Tem-se, provavelmente, um indício de que o livro foi escrito justamente na época em que esses episódios aconteceram (RÖMER, T. *A chamada história deuteronomista*, p. 10).

73. AZCÁRATE, J.L.L. *Deuteronomio*, p. 25.

1.3 A figura do grande líder: Moisés

Moisés, o grande líder, foi vocacionado por YHWH e vai assumir diversos papéis em sua missão de conduzir o povo do Egito à Terra de Canaã. É impressionante o seu protagonismo na história do povo escolhido. O homem que conversava "face a face" com YHWH, também empresta sua voz para ordenar a proclamação e o ensino da Lei, através de seu livro (Dt 31,24-27), que será a base e o instrumento pedagógico para o cumprimento da aliança entre YHWH e Israel. A Lei vem como dom de YHWH a seu povo, mas este deveria absorver suas palavras e ensinamentos como regra de vida[74].

YHWH, por Moisés, elege e legisla para Israel[75]. O conhecimento da Lei[76] é o ponto estratégico para garantir o cumprimento da aliança estabelecida entre YHWH e Israel. Moisés encarna e deixa a Lei como fundamento sólido[77] para garantir a vitória de Israel, mediante a obediência e a fidelidade a YHWH[78].

Segundo a lógica narrativa, o Livro de Deuteronômio se tornou o material didático que o grande líder e mestre de Israel produziu para servir como apoio pedagógico àqueles que iriam continuar a sua obra, pondo em prática a Torá, instruindo as futuras gerações. Moisés, portanto, é o principal pedagogo levantado por YHWH, que vai conduzir Israel ao conhecimento, aprendizado e ao comportamento conforme a Lei recebida com dom libertador[79].

Apreciando Ex 24,3-7, pode-se notar que Moisés é o primeiro "escriba" de Israel, indicado pelo verbo: "e referiu" (ויספר), que provém do substantivo "livro"

---

74. LÓPEZ, F.G. *El Deuteronomio – una ley predicada*, p. 25.

75. Atuação de Moisés como legislador: Ex 20,22; 24,12; 31,18; Lv 1,1-2; 6,1-2; 7,28-29; Nm 5,1-2; Dt 1,1-2; 4,44-45; 31,24. Também fora do Pentateuco se encontram textos que aludem à sua atividade como legislador: Js 1,8; 8,31-35; 23,6; 24,25-26.

76. O NT também fala de Lei: Mt 5,17; 7,12; 11,13; 22,40; Lc 2,22.24.27.39; 16,16; 23,56; Jo 1,17; 7,19.23.49; 19,7; At 6,13; 7,53; 13,38; 15,15; 21,28; 23,3; 28,8; Rm 2,12-14.25.27; 3,19.27.31; 5,15; 5,20; 6,15; 7,1.7-9.12.14.23; 8,2-3; 9,4; 13,8; 1Cor 9,8; 14,34; 15,56; Gl 2,14.19; 3,5.12.17.19.21.24; 4,21; 5,3-4.14.18.24; 6,2-13; 1Tm 1,8-9; Hb 7,5.16.19.28; 8,4; 9,19.22; 10,2.8.28; Tg 1,25; 2,8.10; 4,11 (SKA, J. L. *O Antigo Testamento*: Explicado aos que conhecem pouco, p. 51).

77. Conforme LIMA, M.L.C. (*A Palavra de Deus em palavras humanas*, p. 18): "Não é mais Moisés quem, de viva voz, transmite os ensinamentos divinos recebidos no Sinai (cf. Ex 19,3-8), mas a palavra escrita, que expressa esses ensinamentos. O povo se prosta, pois, mediante a Palavra, sabe-se diante de Deus".

78. "Com plena confiança na presença de Deus em seu meio, o exército do Senhor não poderia deixar de ser vitorioso na conquista e, em breve, a terra que tinha sido prometida há tanto tempo seria realmente sua herança" (CRAIGIE, P.C. *Comentários do Antigo Testamento – Deuteronômio*, p. 358).

79. "O Livro de Deuteronômio vivamente preocupado com a educação de Israel se apresenta como Torá (Dt 1,5; 4,44; 17; 18; 31,26) e é assim designado em 2Rs 22,8.11. É certo que ele contém muitas leis, mas não é menos certo que estas têm traços particulares. As leis de Deuteronômio não são estritamente jurídicas, e seu objetivo não é a organização política do Estado. A lei deuteronômica é 'lei pregada'" (LÓPEZ, F.G. *El Deuteronomio – una ley predicada*, p. 24).

(סֵפֶר). Portanto, Moisés é aquele que sabe "narrar" (ספר), sabe "escrever" (כתב) e sabe "ler" (קרא). Estes verbos caracterizam a pessoa e as ações de Moisés[80].

No coração da libertação, vivida por Israel, Moisés se destaca como mediador da palavra e da ação de YHWH em prol de um povo humilhado e oprimido[81]. Impressiona ver os inúmeros papéis desempenhados por este notável líder, durante o período que esteve à frente de Israel, desde a libertação do Egito até a chegada nas estepes de Moab, onde encerrou sua carreira[82].

Moisés figura como um homem de muitos talentos e dons. Muitas são as características que fazem parte de sua personalidade. A sua grandeza não estava na educação recebida como filho adotado da filha do Faraó, nem tão pouco na possibilidade de herdar o trono da nação mais poderosa da época, mas sim por ter uma simpática e solícita generosidade com os fracos e oprimidos (Ex 2,11-22)[83].

Pode-se dizer que Moisés foi um insistente e perseverante negociador junto ao Faraó para libertar o povo e operou diversos prodígios diante dele. Foi um homem de fé absoluta no Deus de Israel (Eclo 45,27-46,6; Hb 11,23-29) e demonstrou sua coragem e confiança ao empreender o êxodo, atravessando o Mar dos Juncos até alcançar o deserto e se livrar do exército do Faraó. Foi o mediador[84] da aliança no Horeb/Sinai. Foi legislador, mestre e pedagogo durante a caminhada no deserto, pois ensinava a Lei que praticava. Foi quem comandou a construção do tabernáculo e designou o ofício dos sacerdotes, segundo as determinações de YHWH. Foi, também, comandante-chefe militar contra alguns povos de Canaã, que teve que enfrentar antes da travessia do Jordão, na Transjordânia. Foi juiz em diversas situações dentro da comunidade. Apesar de não ter sido "rei", pode-se dizer que Moisés foi equiparado a um rei, pois ele tinha autoridade sobre todas as tribos de Israel, assemelhando-se assim, a um monarca. Foi também escritor, pois

---

80. SKA, J.L. *O canteiro do Pentateuco*, p. 205-206.

81. WÉNIN, A. *O homem bíblico*, p. 84.

82. Na Sagrada Escritura a única pessoa que se tem informação que tenha sido sepultada pelo próprio Deus foi Moisés. "Moisés subiu ao Monte Nebo, ao cume de Pisga" (Dt 34,1). O topo do Monte Pisga chega a alcançar 1.371 metros de altura. No entanto, lá estava Moisés, com cento e vinte anos, subindo até o pico do monte (SWINDOLL, C.R. *Moisés: Um homem dedicado e generoso*, p. 382 e 394).

83. "Fica evidente que Moisés recebeu a melhor educação disponível na época, pela declaração de Estevão em At 7,22a: '[Moisés] foi instruído em toda a ciência dos egípcios'. A tradição egípcia indica que ele deve ter estudado no Templo do Sol, em Heliópolis (LINDSAY, G. *Moisés, o libertador*, p. 7 e 13).

84. "A função mediadora de Moisés parece inegável. Ele era o mediador da palavra que lhe vinha de Deus e que devia transmitir fielmente aos homens. Assim se delineia o retrato ideal de Moisés como profeta e do profeta como Moisés" (LÓPEZ, F.G. *El Deuteronomio – una ley predicada*, p. 60).

segundo a ordem de YHWH, escreveu o Livro da Lei. E como relata o Livro de Deuteronômio ele foi o maior dos profetas do AT[85].

Dentre as inúmeras características desse grande homem de Deus está também a função de intercessor, que aparece em diversos textos: ele salva o povo do fogo da ira divina (Nm 11,1-2)[86] e das serpentes venenosas (Nm 21,4-9); reza em favor de sua irmã Maria, castigada com lepra (Nm 12,11-16), e de seu irmão Aarão (Dt 9,20). Mas a maior oração de intercessão é sem dúvida aquela que fez depois que os israelitas adoraram o bezerro de metal fundido, oferecendo a sua própria vida (Ex 32,11-14.30-35; Dt 9,7-19). Esta forma, que é própria do caráter de Moisés, está estreitamente ligada a um traço característico de sua pessoa: a intimidade com YHWH[87], com quem falava face a face, como a um amigo[88].

Moisés é o líder dos filhos de Israel[89], seu guia através do deserto até o Monte Horeb/Sinai, onde o povo liberto vai viver uma experiência decisiva com seu libertador. O povo inteiro ouve a voz de YHWH e, por meio de Moisés, é convidado a fazer uma aliança (Ex 19,24). YHWH quer ser o Deus de Israel, para fazer dele o seu povo, a sua propriedade (Ex 19,5-6; Dt 7,6). Aqui se tem a fórmula da aliança que é apresentada, principalmente, em Dt 26,17-19 e expressa a reciprocidade de ambas as partes se tratando de um contexto amoroso, pois YHWH ama Israel e Israel deve amar YHWH (Dt 6,5; 7,6-26; 10,12-22). Tudo acontece por iniciativa do próprio YHWH[90].

Curioso ver que o Livro de Deuteronômio se dedicou a guardar a memória de um único dia: o último e memorável dia da vida do grande protagonista da história de Israel[91]. Estava próximo do fim da vida e, da missão de Moisés e como ele era um servo justo e fiel, deu total atenção e cumprimento à vontade de YHWH.

---

85. GOTTWALD, N.K. *Introdução socioliterária à Bíblia Hebraica*, p. 192.

86. Segundo Freitas, T. (Análise exegética de Nm 18,1-7, p. 22): "Vale ressaltar que a ira de YHWH faz parte de sua pedagogia, que age com firmeza e, ao mesmo tempo com benevolência, a fim de formar a comunidade no deserto e educá-la na santidade. As próprias tradições bíblicas sucessivas irão corroborar esse argumento (Dt 8,5; Jr 31,9; Sl 103,13-18; Pr 3,12)".

87. Ex 20,21; 24,18; 33,11; Nm 12,7-8; Dt 34,10.

88. "A intercessão é uma das funções-chave que se vai encontrar, posteriormente, em grandes profetas como Jeremias e Amós" (PEREGO, G. *Atlas bíblico interdisciplinar*, p. 22).

89. "O povo hebreu não surgiu do nada, e sua cultura não foi transplantada diretamente do céu. Ela foi produzida no mundo, em contato com outras culturas, a partir de contextos de tempo e espaço muito específicos" (REINKE, A.D. *Os outros da Bíblia*, p. 64).

90. LÓPEZ, F.G. *El Deuteronomio – una ley predicada*, p. 70.

91. GALVAGNO, G.; GIUNTOLI, F. *Pentateuco*, p. 109.

Proferiu quatro discursos[92] em seu último dia de vida e ainda deixou a Lei por escrito. Desta forma, na dinâmica do Livro de Deuteronômio, os quarenta anos de peregrinação no deserto são reprisados em apenas um dia.

Moisés, em seu primeiro discurso, relembra[93] o passado (Dt 1–4). Esses eventos passados enfatizam para o povo a importância do momento presente. O evento mais importante foi o êxodo do Egito seguido da Aliança no Horeb/Sinai. É, portanto, a projeção no presente da história passada com a finalidade de lançar as bases para a história futura. Uma história que nunca poderá ser esquecida[94].

Em seu segundo discurso (Dt 4,44–28,68), Moisés reflete sobre a aliança estabelecida com a primeira geração, a que saiu do Egito. O terceiro discurso contém a renovação da aliança feita nas estepes de Moab com a segunda geração, a que nasceu no deserto (Dt 28,69–30,20). Enfim, o quarto discurso, que é subdividido em diversas falas (Dt 31,1–33,29), corresponde às últimas ações de Moisés antes da sua morte[95].

Na dinâmica desse contexto, Dt 31, além de todas as falas de Moisés, – pequenos discursos[96] – abrange também a ordem de YHWH para que Moisés escrevesse o cântico que foi proclamado para todo o povo (Dt 32). Em seguida Moisés abençoa as doze tribos de Israel (Dt 33)[97]. A jornada do grande líder é finalizada com a narrativa da visão de Canaã, da sua sepultura, do seu luto, da sua singularidade e do encargo passado a Josué (Dt 34).

Em síntese, os discursos de Moisés, que ocupam quase a totalidade do livro, tinham a intenção de fixar de modo adequado e eficaz a memória do que se expe-

---

92. PAPOLA, G. *Deuteronomio*, p. 14. SKA, J. L. O canteiro do Pentateuco, p. 215.

93. Moisés relembrou, fez memória: "A memória tem muitas maneiras de prolongar no presente a eficácia do passado. Em hebraico, os sentidos do verbo זכר, em suas várias formas, dão disso uma ideia: lembrar-se, recordar, mencionar, mas também conservar e invocar, ações todas essas que desempenham um papel dos mais importantes na vida espiritual e na liturgia" (BENOIT, P. *Vocabulário de teologia bíblica*, p. 571).

94. CRAIGIE, P.C. *Comentários do Antigo Testamento* – Deuteronômio, p. 18.

95. SKA, J.L. *O Antigo Testamento*, p. 35.

96. Quanto ao capítulo 31 do Livro de Deuteronômio, a relação temporal existente entre os vv. 1-29 é bastante interessante, pois cada seção equivale a uma época diferente de redação. Dt 31,9-13 é a parte mais antiga e pertence a primeira edição da Escola Deuteronomista. Foi escrita antes do exílio da Babilônia e abarca o período que vai de Salomão até Josias (900 – 600 a.C.). Dt 31,1-8 pertence a terceira edição da Escola Deuteronomista e foi escrita durante o exílio (586–538 a.C.). Já Dt 31,14-18 pertence a quinta edição e foi escrita após o exílio e equivale às narrações elohístas (STORNIOLO, I. *Como ler o Livro de Deuteronômio*, p. 30-31).

97. "De Abraão, pelo qual todos os clãs da terra serão abençoados (Gn 12,3), a Moisés, que antes de morrer deu a bênção aos filhos de Israel (Dt 33,1-29), sobressai a iniciativa de YHWH como condutor e pedagogo da história do povo eleito. É por essa história, segundo a narrativa bíblica, que igualmente YHWH se mostra condutor da história universal" (FERNANDES, L.A.; BATTISTA, G.; ALVAREZ, G.A.B. *Bíblia e catequese*, p. 53-54).

rimentou depois da libertação do Egito, fazendo um retrospecto de toda a história de Israel e exortando-os a uma firme observância dos termos da aliança, para não comprometer futuramente o dom da terra que Israel estava para receber[98]. Desta forma, pode-se dizer que o Livro de Deuteronômio começa fazendo uma reflexão sobre o passado, do qual Moisés fez parte, e termina refletindo sobre um futuro que não contará com a sua presença[99]. Esta presença, porém, se encontrará no dom da Torá.

Sobre a figura ilustre que foi Moisés, Nm 12,3 oferece uma impactante definição: "era um homem muito paciente, o mais humilde dos homens de sua época" e Dt 34,10 atesta a singularidade de Moisés como profeta[100].

A vida de Moisés pode ser subdividida em três momentos: quarenta anos no palácio do Faraó (Egito); quarenta anos em Madiã, como pastor de ovelhas e pai de família; e quarenta anos no deserto, cumprindo a sua vocação e missão (At 7). Apesar dos seus cento e vinte anos, morreu em pleno vigor (Dt 34,7)[101].

Moisés, o líder carismático e exímio pastor, conduziu o povo da escravidão para a liberdade, encarnando e exemplificando o carisma profético. Através de suas mãos, os filhos de Israel receberam as tábuas da Lei, para que pudessem entrar em Canaã (Dt 34,4). Como pode o grande líder e amigo de YHWH não entrar na Terra Prometida?[102]

Algo interessante aconteceu na aliança entre YHWH e Israel: ficou o registro de um tratado, o Livro da Lei escrito por Moisés. Josué seguirá como o novo líder de Israel e comandará a conquista da terra. Mas, o papel de mediador, praticamente em todo o Pentateuco, evoca a transmissão da palavra de YHWH a Israel para o livro[103] que seguirá com o povo sob a liderança de Josué (Dt 34,9)[104].

---

98. GALVAGNO, G.; GIUNTOLI, F. Pentateuco, p. 109.

99. HAMILTON, V.P. Manual do Pentateuco, p. 526.

100. SKA, J.L. O Antigo Testamento: Explicado aos que conhecem pouco, p. 57.

101. Segundo LIVINGSTON, G.H. (Comentário bíblico Beacon, p. 493): O Livro de Deuteronômio termina com um olhar para o futuro. Relembrando Dt 18,15-19 e afirmando que até então nenhum profeta como Moisés surgira, são fatores que apontam para aquele que, séculos mais tarde, ofereceu aos seus seguidores reunidos o cálice da nova aliança selada com o seu próprio sangue (Mc 14,23-24).

102. RUSHANSKY, E. O palco da história, p. 23.

103. "O verdadeiro soberano do país conquistado se trata de um livro: a Torá, que foi entronizado sobre o Monte Ebal e ao qual todos devem obedecer. Desta forma, a lei em vigor na terra conquistada já é a Lei de Moisés (Js 8,32)" (SKA, J.L. O Antigo Testamento: Explicado aos que conhecem pouco, p. 72).

104. HAYS, J.D.; DUVALL, J.S. Manual bíblico ilustrado vida, p. 119. "Em uma palavra, a personalidade de Moisés está estreitamente unida por YHWH e Israel. Continua viva e presente na Torá, da qual YHWH, Jacó/Israel e o mesmo Moisés são indiscutíveis os protagonistas" (LÓPEZ, F.G. O Pentateuco, p. 24; cf. também p. 268).

Dt 32,52; 34,1-4 relata que, do Monte Nebo, Moisés contemplou a terra, mas não pôde entrar. YHWH deu a ele a possibilidade de contemplar a sua herança e de guardar a sua fé, pois chegara ao término a sua missão[105]. Moisés fisicamente não entrou na terra, mas a sua memória e os seus ensinamentos entraram com o livro. Ele seguiu com o povo escolhido e consagrado para YHWH: a segunda geração, e o seu espírito profético com Josué: o seu sucessor.

YHWH constituiu um povo, marcado pela liderança de Moisés, com a finalidade de servir como exemplo, e ser sinal de sua benevolência e de sua justiça para as futuras gerações. Espera uma resposta de amor, único caminho para o povo encontrar a completa felicidade, mas isso só será possível através da fidelidade e obediência à Lei e àquele que é o único Deus e Senhor: YHWH [106].

Apesar de ter sido líder de todos os ofícios[107], Moisés era humilde, simples, solícito, obediente, amigo, sincero, justo e bom. O Livro de Deuteronômio do início ao fim mostra Moisés sempre obediente à vontade de YHWH e paciente com o povo, apesar de toda dificuldade em lidar com a obstinação dos membros daquela comunidade. Era um homem de fé, temente a Deus.

Moisés, apesar de ser um homem íntegro e fiel à sua missão de conduzir Israel para a Terra de Canaã, sendo sempre sustentado pela presença de YHWH, conheceu alguns fracassos[108] por não conter o povo em sua infidelidade (Nm 14,1-45; 20,1-13; 26,64), e por isso, também, não entrou na Terra Prometida[109].

---

105. Uma lição pode ser tirada sobre a morte de Moisés antes de entrar na Terra Prometida: "Israel não deve esperar a sua salvação dos líderes e poderosos soberanos, de uma cultura excepcional ou de um exército invencível. A sua salvação está na observância da Lei de Moisés" (SKA, J.L. *O Antigo Testamento*: Explicado aos que conhecem pouco, p. 57).

106. "A lei não é jugo nem freio. A finalidade da lei não é impor obrigações caprichosas nem restrições arbitrárias, mas indicar o caminho da vida feliz. De forma repetitiva o Deuteronômio convida o povo à observância da Lei, para que tudo lhe corra bem e possa prolongar seus dias na terra que YHWH lhe dará - Dt 4,40; 5,33; 6,2.18.24 etc." (LAMADRID, A.G. *História, narrativa, apocalíptica*, p. 50).

107. O NT cita Moisés setenta e nove vezes, número considerável, e procura manter as diferentes tradições sobre ele: legislador, mediador, precursor do Messias. Alguns exemplos: Mt 8,4; Mc 7,10; Lc 24,27-44; Jo 1,45; At 3,22.

108. "Qual foi a culpa de Moisés? É um dos quebra-cabeças mais complicados do Pentateuco. Talvez Moisés não devesse ter golpeado a rocha com o bastão, ou somente uma vez, e devesse contentar--se em falar à rocha, ou não devesse ter repreendido o povo, ou devesse ter agido mais prontamente, ou, ainda, não devesse ter feito o povo acampar em Cades, mas caminhar imediatamente para a Terra Prometida (Nm 20,1). Há muitas opiniões e nenhuma é deveras convincente" (SKA, J.L. *O canteiro do Pentateuco*, p. 180).

109. FREITAS, T. *Análise exegética de Nm 18,1-7*, p. 23. "Segundo a lógica narrativa do Livro de Deuteronômio tudo o que Moisés recebeu do Senhor ele transmitiu, por sua vez, ao povo. É como um pai (*ethos*) que, antes de morrer, deixa a sua herança (*logos*) para o filho (*pathos*). Como o pai continua vivo no filho, Moisés, apesar de não entrar na terra, estará vivo na herança deixada ao 'novo Israel'" (FERNANDES, L.A. *Análise retórica de Dt 30,11-14*, p. 17).

Dt 31,7-8 atesta um grande exemplo de humildade, obediência, fortaleza, desapego, amor e compromisso com a missão. Apesar de todos os acontecimentos que atingiram diretamente sua pessoa, Moisés não deixou de concluir tudo que lhe fora determinado por YHWH até encerrar totalmente a sua missão. Essa é a verdadeira marca de um herói[110]. "Homem de Deus" (Dt 33,1) é um elogio e uma bela expressão que retrata a modesta pessoa do grande líder. Já Dt 34,10-12 intensifica esse elogio de quem foi, na obediência a YHWH, exemplo para Israel e o maior dos profetas da história do povo escolhido.

Moisés foi o servo admirável e um gigante em vários aspectos[111]. Ele é o homem dos ensinamentos de YHWH, em sua sabedoria aprendeu o que YHWH tinha de melhor: sua Lei. Não só aprendeu como também praticou e ensinou. E como sua própria vida pode testemunhar: "Ensinar é fazer brilhar a verdade e a justiça no meio dos homens pela obediência a YHWH"[112].

Esta foi a vida do grande homem de Deus, um herói e o maior dos profetas, mas apesar da grandeza de sua missão e de tantos atributos e privilégios com respeito à sua pessoa não deixou de ser um servo fiel e obediente. No fundo e no fim, esta foi a sua maior grandeza!

1.4 De Moisés a Josué, uma pedagogia de liderança

Moisés mudou o nome do filho de Nun de "Oseias" (Nm 13,8) para "Josué" (Nm 13,16). Provavelmente essa mudança tem a ver com os propósitos de YHWH para a vida de Josué, pois ao lado de Moisés, Josué vai sendo preparado gradativamente para assumir um lugar de liderança. A mudança do nome é sugestiva, e, por sinal, é um nome que vai apontar para a última e definitiva aliança que ocorrerá na plenitude dos tempos[113].

Mesmo sem saber do projeto de YHWH a seu respeito, Josué estava sendo preparado na "escola" de Moisés para o futuro cargo de liderança. Ex 32,17-18

---

110. "Veja o quanto este grande e bom homem esteve ocupado em fazer o bem quando sabia que o seu tempo era curto. Como ele se apressou quando se aproximava de seu descanso" (HENRY, M. *Comentário bíblico Antigo Testamento*, p. 561).

111. SWINDOLL, C.R. *Moisés*: Um homem dedicado e generoso, p. 401.

112. FERNANDES, L.A.; GRENZER, M. *Êxodo 15,22–18,27*, p. 175.

113. "O nome Oseias significa 'ele salva', enquanto Josué significa 'YHWH salva', a fim de que Josué, até no seu nome, lembrasse que não é o homem que salva, mas Deus. Jesus ('Ιησοῦς) é a forma grega para o nome hebraico Josué (יְהוֹשֻׁעַ)" (SCHAEFFER, F.A. *Josué e a história bíblica*, p. 19). "Os nomes Josué e Jesus são, em hebraico, יְהוֹשֻׁעַ: o Senhor salva. O que Deus operou através de Josué, de forma provisória, tornou-se uma imagem da libertação definitiva que Deus operou através de Jesus Cristo" (FERNANDES, L.A.; GRENZER, M. *Êxodo 15,22–18,27*, p. 200).

e Nm 11,24-29 atestam a correção de Moisés e o aprendizado de Josué em duas ocasiões singulares. No primeiro, o equívoco do sentido da audição dos gritos vindos do acampamento. No segundo, o texto diz que YHWH desceu na nuvem para operar um prodígio e, imediatamente, os anciãos começaram a profetizar.

Nos dois casos, Moisés deu um grande exemplo de humildade e ensinou a Josué que liderança não é sinônimo de autoengrandecimento, pois a glória pertence somente a YHWH e, dentre o povo, YHWH pode agraciar quem ele quer com seus dons[114].

Pode-se citar outro exemplo que se relaciona com a escolha dos setenta anciãos que receberam o espírito profético e diz respeito ao mesmo episódio citado acima. Mas, agora, refere-se à conduta de Moisés que servirá como exemplo de humildade e prudência, para seu educando, Josué. Trata-se do conselho dado por Jetro. Ele consegue fazer Moisés enxergar o peso que estava carregando. Estava sobrecarregado e precisava organizar um conselho de anciãos para ajudá-lo a resolver os problemas que surgiam dentro da comunidade israelita. Seria, portanto, uma "descentralização do poder pela partilha das funções". Moisés, servo humilde, acolhe as orientações de seu sogro (ancião e sacerdote de Madiã), pois entendeu que "o conselho foi dado em nome de YHWH e debaixo da sua autoridade"[115].

Ao lado de Moisés, Josué aprendeu muitas lições: Entendeu que YHWH não aceita rebeliões, murmurações, lamentações contra sua pessoa e, portanto, age com firmeza nessas ocasiões. Aprendeu que o poder e a vitória não se concentram nas mãos de um general, tudo depende da ação de YHWH. Aprendeu a mais bela lição: YHWH sempre está presente quando o povo é fiel. Aprendeu que o homem nunca conseguirá enganar YHWH, portanto, deve se manter longe do pecado. Respeitou e obedeceu a Moisés, mas sabia que o grande líder e guia do povo era YHWH, portanto, a glória a YHWH deve estar sempre em primeiro lugar. Entendeu que as regras são dadas por YHWH, jamais o homem pode impor regras a Deus. Compreendeu que a verdadeira liderança não vem de mãos humanas, mas do próprio YHWH, então, tinha plena convicção de que deveria submeter-se a ele e confiar na sua providência. E por fim, viu que YHWH mantém até o fim suas promessas. Foram quarenta anos nesse contínuo processo de preparação, agora Josué vai ser apresentado ao

---

114. SCHAEFFER, F.A. *Josué e a história bíblica*, p. 19.

115. Segundo FERNANDES, L.A.; GRENZER, M. (*Êxodo 15,33–18,27*, p. 156-159.190): "Moisés não possui o poder absoluto, mas possui uma graça absoluta: repartir com os homens escolhidos a sua vocação e missão".

povo como o escolhido de YHWH (Nm 27,15-20), para finalizar a promessa do retorno à terra dos pais[116].

Contudo, não só Moisés, mas também YHWH tem uma "escola", e, por sinal, é uma instituição de ensino do mais elevado grau de valor moral, espiritual, intelectual e social. Para Josué, e inclusive para todo o Israel, a "escola" de YHWH foi o deserto[117], um campo árido, estéril, desolado, que YHWH colocou os filhos de Israel com o propósito de prepará-los para uma tarefa muito especial: o retorno à terra de seus antepassados. YHWH soube examinar o currículo de Israel através de sua experiência de vida no deserto, incutindo qualidades de caráter que jamais poderiam obter de outra forma. E, Josué, foi aprovado no decorrer dessa trajetória, pois estava sempre próximo a Moisés, cumprindo tudo aquilo que lhe era atribuído, dando sempre o seu melhor, sendo obediente e fiel. Portanto, nada mais justo que fosse o escolhido para suceder o seu mestre[118].

Na escola do deserto YHWH faz o povo passar por três situações que merecem atenção especial: fome, sede e tempo. Em Ex 16,1-3 se tem o teste da fome, a seguir se tem o teste da sede (Ex 17,1-7), quanto ao teste do tempo: passar quarenta anos no deserto foi a maior provação[119].

Em muitas qualidades Josué figura se assemelhar a Moisés: temente a YHWH e em tudo fazia a sua vontade. Era extremamente obediente e cumpridor de suas obrigações. Homem forte e valente, grande guerreiro, mas sabia onde depositava sua confiança. Tinha YHWH como seu Deus único e infalível. Procurava seguir o exemplo do grande mestre e como bom discípulo aprendeu todos os ensinamentos e foi exortado a colocá-los em prática (Js 1,1-9).

Não se tem melhor exemplo de obediência entre os israelitas do que o do jovem Josué. Como servo de Moisés demonstrou interesse e estava sempre próximo ao mestre para não deixar escapar nenhum ensinamento. Por Moisés, foi escolhido como comandante do exército e sempre estava envolvido nas tarefas de confiança. Buscava ser eficiente em todas as funções que lhes eram atribuídas. Desta forma, YHWH o designou para ser o seu sucessor. E assim, o pequeno aprendiz se tornou também um grande líder como seu mestre. Quem começou como "servo de Moisés" (Js 1,1), terminou como "servo de YHWH" (Js 24,29).

---

116. SCHAEFFER, F.A. *Josué e a história bíblica*, p. 27.

117. Deserto, em hebraico מִדְבַּר, tem sua origem em דָּבַר, que significa "falar". Partindo desse princípio se pode dizer que o deserto é, portanto, o lugar onde YHWH fala. É por excelência o lugar da Palavra (SWINDOLL, C.R. *Moisés: Um homem dedicado e generoso*, p. 89).

118. SWINDOLL, C.R. *Moisés: Um homem dedicado e generoso*, p. 88-91.

119. SWINDOLL, C.R. *Moisés: Um homem dedicado e generoso*, p. 269-277.

Fato interessante se pode observar na investidura de Josué como novo líder. É de se admirar a postura de Josué frente a ordem de seu mestre. Moisés encoraja Josué (31,7-8), para a futura missão. Embora Josué fosse um general experiente e um homem de coragem, Moisés viu razões para encorajá-lo, pois precisaria ter muita força, agora que estava entrando em um novo cenário de ação. É bonito apreciar a atitude de Josué. Ele estava longe de ver nas palavras de Moisés uma afronta ou um questionamento da sua coragem. Pelo contrário, o próprio Josué fica muito satisfeito por ser orientado por Moisés a esforçar-se e animar-se diante da eminência de sua nova missão.

Da mesma forma se pode observar a postura de Moisés perante a entrega do seu posto de líder ao seu oficial. YHWH declara o fim de sua missão e Moisés prontamente acata sua ordem e passa o comando a Josué, pois ele não era apegado a cargos ou *status* e não olhou com maus olhos para o seu sucessor, nem tampouco torceu pelo seu insucesso, pelo contrário, Moisés se alegrou e deu todas as instruções necessárias para que Josué pudesse ser bem-sucedido[120].

Na ação pedagógica de Moisés se pode destacar alguns recursos utilizados: seus discursos proferidos em tom parenético, as exortações, a mediação da aliança, o seu exemplo como um líder intercessor, legislador e mestre. Tudo foi ensinado e transmitido ao novo líder, que assumirá o comando e a missão de ser o novo mestre de Israel e condutor do povo à tomada de posse da terra.

O Livro de Deuteronômio apresenta também outras estratégias utilizadas, como as repetições de frases importantes que são pontuais e ajudam no processo de ensino-aprendizagem, pois a repetição ajuda a memorização e é uma característica da literatura bíblica[121]. Também funciona como um efeito estilístico que está muito presente no livro. Outro recurso estilístico é o uso dos pronomes de segunda pessoa no singular e plural: tu/vós, quando se quer referir diretamente a Israel[122].

Mas, a dinâmica mais incrível de ser apreciada nesse livro é descobrir que um livro inteiro está resumido em um único dia, o último dia da vida de Moisés. Os quarenta anos de história no deserto se resumem nesse momento de despedida – começo, meio e fim da história de Israel se entrelaçam nesse único dia – que,

---

120. HENRY, M. *Comentário Bíblico Antigo Testamento*: Gênesis a Deuteronômio, p. 658-659.

121. ALTER, R. *L'arte dela narrativa bíblica*, p. 112-140.

122. "Analogicamente a alternância entre singular e plural da segunda pessoa são considerados uma pista para se voltar a uma tradição dupla, é mais um estilo retórico que permite expressar a ligação necessária entre a resposta pessoal e comunitária ao apelo da lei" (PAPOLA, G. *Deuteronomio*, p. 20).

provavelmente, é mais um ponto estratégico que YHWH utiliza para trazer à tona a temática que envolve a principal mensagem teológica do livro: a unicidade[123].

Para aplicar esta didática, YHWH escolheu e inspirou gestores, capacitando-os a assumir a missão como pedagogos que têm a função de conduzir o educando ao aprendizado. O pedagogo é aquele que vai exercer o papel de facilitador da aprendizagem, ele deve, portanto, incentivar e introduzir os educandos dentro do mecanismo do processo. Desta forma, será possível alcançar com êxito o cumprimento da missão ao qual foram destinados, pois a aprendizagem passa pela afetividade e a afetividade estimula o desenvolvimento do saber[124].

Moisés sempre confiou na força de YHWH e não na sua própria força. Por isso, YHWH sempre esteve ao seu lado. Não foi diferente com Josué, pois a sua vida ilustra perfeitamente esta verdade. O AT não aponta nenhum erro ou falha que esse novo líder – Josué – tivesse cometido. Infelizmente, Moisés apesar de ter sido um grande homem, dedicado e generoso, deixou-se levar pela ira mediante a insensatez daquele povo rebelde e falhou (Nm 20,7-13)[125].

Mas apesar de ter falhado, Moisés se tornou útil nas mãos de YHWH, pois deixou-se conduzir pela sua vontade, de acordo com o seu plano pedagógico e de acordo com o tempo estabelecido por ele, pois o tempo de YHWH é perfeito. Desta forma, durante todos os anos que ficou peregrinando pelo deserto com o povo da promessa continuou seu ensino e cumpriu sua missão até o fim, até o instante final de seu último suspiro, quando então nos braços de YHWH morre[126].

O Livro de Deuteronômio se apresenta, portanto, como uma obra fortemente didática, motivada pelo desejo de educar. Assim sendo, as frequentes repetições podem ser interpretadas como um método pedagógico para impressionar o ouvinte com a mensagem do livro e ajudá-lo a assimilar seu conteúdo[127].

Apesar de Josué ter inúmeras características semelhantes a Moisés, algo se diferenciava em sua missão como líder de Israel. Moisés possuía uma primazia,

---

123. "O Deuteronômio apresenta a ideia da exclusividade de YHWH, sob uma forma absolutamente sucinta e programática que, em hebraico, compreende apenas quatro letras (Dt 6,4). Certamente a unicidade de YHWH ainda não é uma confissão monoteísta, porém é um elemento preparativo" (ROSE, M. Deuteronômio. In: RÖMER, T.; MACCHI, J.D.; NIHAN, C. *Antigo Testamento*, p. 277).

124. "A afetividade desempenha um papel fundamental na constituição e funcionamento da inteligência, determinando os interesses e necessidades individuais" (ANTONINO, E.; VIGAS, M.C.; PEIXOTO, M.F. *Ação psicopedagógica*, p. 56).

125. SWINDOLL, C.R. *Moisés*: Um homem dedicado e generoso, p. 377.

126. "Deve-se notar que estruturalmente a morte de Moisés no fim de Deuteronômio corresponde ao Livro de Gênesis: a morte de José concluiu os tempos dos patriarcas e a morte de Moisés concluiu a permanência de Israel no deserto e a constituição de Israel como povo de YHWH. As bênçãos de Jacó em Gn 49 correspondendo as de Moisés em Dt 33" (PAPOLA, G. *Deuteronomio*, p. 17).

127. PAPOLA, G. *Deuteronomio*, p. 20.

era aquele que ficava na presença de YHWH e conversava com ele "face a face", enquanto Josué somente ouvia à voz de YHWH[128]. O grau de intimidade entre Moisés e YHWH era impressionante.

De Moises a Josué temos uma pedagogia comprometida com a fidelidade à missão, em que o grande Pedagogo – YHWH – se faz presente, acompanhando os passos dos gestores que se encontram à frente de Israel conduzindo o povo à sua meta final: chegar à Terra de Canaã; mas, ao mesmo tempo, inicia-se outro desafio: permanecer na terra da promessa. Moisés e Josué foram excelentes pedagogos e souberam conduzir Israel, isto só foi possível porque foram obedientes a YHWH.

---

128. SWINDOLL, C.R. *Moisés*: Um homem dedicado e generoso, p. 390.

Capítulo 2 | Análise exegética de Dt 31,9-13

2.1 Tradução segmentada

E escreveu Moisés[a] esta[b] Lei	9a	וַיִּכְתֹּב מֹשֶׁה אֶת־הַתּוֹרָה הַזֹּאת
e a deu aos sacerdotes, filhos de Levi,	9b	וַיִּתְּנָהּ אֶל־הַכֹּהֲנִים בְּנֵי לֵוִי
os que levam a arca da aliança de YHWH	9c	הַנֹּשְׂאִים אֶת־אֲרוֹן בְּרִית יְהוָה
e [deu] a todos os anciãos[c] de Israel.	9d	וְאֶל־כָּל־זִקְנֵי יִשְׂרָאֵל:
E ordenou-lhes Moisés,	10a	וַיְצַו מֹשֶׁה אוֹתָם
dizendo[a]:	10b	לֵאמֹר
"Ao final de sete anos, por ocasião do ano da remissão, na festa dos tabernáculos;	10c	מִקֵּץ שֶׁבַע שָׁנִים בְּמֹעֵד שְׁנַת הַשְּׁמִטָּה בְּחַג הַסֻּכּוֹת
quando for todo o Israel	11a	בְּבוֹא כָל־יִשְׂרָאֵל
para se apresentar[a] diante de YHWH, teu Deus,	11b	לֵרָאוֹת אֶת־פְּנֵי יְהוָה אֱלֹהֶיךָ
no lugar que escolherá[b-	11c	בַּמָּקוֹם אֲשֶׁר יִבְחָר
b]proclamarás[c] esta Lei,	11d	תִּקְרָא אֶת־הַתּוֹרָה הַזֹּאת
diante de todo Israel, aos ouvidos deles.	11e	נֶגֶד כָּל־יִשְׂרָאֵל בְּאָזְנֵיהֶם:
Congrega o povo: os homens, as mulheres, as crianças[α] e o teu estrangeiro,	12a	הַקְהֵל אֶת־הָעָם הָאֲנָשִׁים וְהַנָּשִׁים וְהַטַּף וְגֵרְךָ
que [está] dentro dos teus portões;	12b	אֲשֶׁר בִּשְׁעָרֶיךָ
para que ouçam	12c	לְמַעַן יִשְׁמְעוּ
e para que aprendam	12d	וּלְמַעַן יִלְמְדוּ
e temam a YHWH, vosso[a] Deus	12e	וְיָרְאוּ אֶת־יְהוָה אֱלֹהֵיכֶם
e observem	12f	וְשָׁמְרוּ
para cumprir todas as palavras desta Lei;	12g	לַעֲשׂוֹת אֶת־כָּל־דִּבְרֵי הַתּוֹרָה הַזֹּאת:
e os filhos deles, que não conhecem, ouçam	13a	וּבְנֵיהֶם אֲשֶׁר לֹא־יָדְעוּ יִשְׁמְעוּ
	13b	

e aprendam a temer a YHWH, vosso[a] Deus,	13c	וְלָמְדוּ לְיִרְאָה אֶת־יְהוָה אֱלֹהֵיכֶם
todos os dias	13d	כָּל־הַיָּמִים
que vós[b] vivereis sobre a terra,		אֲשֶׁר אַתֶּם חַיִּים עַל־הָאֲדָמָה
porque vós atravessareis o Jordão,	13e	אֲשֶׁר אַתֶּם עֹבְרִים אֶת־הַיַּרְדֵּן
para ali, tomar posse dela".	13f	שָׁמָּה לְרִשְׁתָּהּ: פ

2.2 Notas de crítica textual[129]

v. 9a[a/b]: A LXX, de forma isolada, traz um texto maior que o TM[L], pois, além de acrescentar um acusativo neutro, "as palavras" ou "os sentidos" (τὰ ῥήματα), entre o sujeito da ação, Moisés, e a locução genitivada "desta Torá" (τοῦ νόμου τούτου), acrescenta também outro acusativo, a fim de indicar o local da escrita "no livro" (εἰς βιβλίον). O manuscrito 4QDeut[h] também traz esse acréscimo. Tais acréscimos parecem ser uma tentativa de harmonizar com Dt 31,24. Em ambos os casos, porém, a lição do TM[L] encontra-se, devidamente, apoiada pelo Pentateuco Samaritano, pela *Vulgata* e pela *Peshitta*, bem como nos *Targumim*.

v. 9d[c]: O Pentateuco Samaritano, a *Vulgata*, a *Peshitta*, o Targum Onqelos e o Targum do Pseudo-Jônatas apoiam a presença do substantivo כֹּל no TM[L], texto maior do que a LXX e o Targum Neofiti do Pentateuco. Em contrapartida, a LXX e um manuscrito da *Peshitta*, no lugar de "anciãos de" trazem "filhos de" Israel (τῶν υἱῶν Ισραηλ – Dt 18,6; 24,7; 29,20). O TM[L], porém, continua apoiado pelo Pentateuco Samaritano, pela *Vulgata*, por manuscritos da *Peshitta* e pelo Targum.

v. 10b[a]: Na LXX encontra-se a inclusão "naquele dia" (ἐν τῇ ἡμέρᾳ ἐκείνῃ), antes de לֵאמֹר, como aparece em Dt 27,11. Apesar de mais breve, o TM[L] encontra-se devidamente apoiado pelo Pentateuco Samaritano, pela *Vulgata*, pela *Peshitta* e pelo Targum.

v. 11b[a]: A BHQ[app] aponta que o Pentateuco Samaritano, a LXX, a *Vulgata*, a *Peshitta* e o Targum, ao invés da forma no *nifal* infinito construto: "para se apresentar" (לְרָאֹות), traz no *hifil* infinito construto: "para se fazer ver" (להראות) como se encontra em Dt 3,24. Nota-se que a forma causativa busca enfatizar o sentido da ordem proveniente do Senhor. A BHQ[app] sugere que, simplesmente, leia-se no *qal* infinito construto[130]: "para ver" (לִרְאֹות), forma usada em Dt 29,3. A justificativa para tal conjectura apoia-se na ordem contida em Dt 16,16.

---

129. As notas foram elaboradas a partir da BHQ[app], 89-90. No caso do v. 12e seguiu-se BHS[app].

130. O comentário ao aparato crítico da BHQ discorre sobre essa questão e afirma que a vocalização no *nifal* foi uma tentativa de correção teológica mais apropriada. Assim, ao invés de "ver a face de YHWH", algo que entraria em contradição com a fé comum, segundo Ex 33,20, teria sido corrigido para "aparecer

Contudo, não há razões para assumir a sugestão de mudança, pois o *nifal* infinito construto está, inclusive, condizente com Dt 16,16 que traz no *yiqtol nifal* terceira pessoa do masculino singular: "se fará ver" ou "se apresentará" (יֵרָאֶה). A tradução, "para se apresentar", reflete bem o sentido de que cada filho de Israel tinha a obrigação de "comparecer" ou "se fazer ver", diante do Senhor, em uma das três festas prescritas na Torá.

v. 11cd[b-b]: O Pentateuco Samaritano traz a sequência verbal no *qal qatal* e no *qal yiqtol* na terceira pessoa do singular no masculino: "escolheu (בחר) proclamará (יקרא)". As duas ações têm YHWH como sujeito. Por detrás dessa sequência e por conta da rivalidade entre samaritanos e judeus, a lógica evidencia e salvaguarda a ideia de que YHWH teria escolhido o Monte Garizim como local de culto, e não Jerusalém. E YHWH, pelos lábios do sacerdote local, é quem proclamaria a Torá e não o fiel.

A formulação no *qal yiqtol* no TM[L], salvaguardando a respectiva diferença dos sujeitos das ações, está condizente com a lógica interna do texto. Além disso, no contexto do Livro de Deuteronômio, YHWH é o sujeito do verbo "escolherá" (יבחר) no *qal yiqtol* em referência ao futuro local de culto (Dt 12,5.11.14.18.21.26), e Dt 31,11 é a última ocorrência desse verbo. Não é preciso admitir a mudança.

v. 11c[c]: Ainda quanto ao verbo "proclamarás" (תִּקְרָא), BHQ[app] anota que a LXX, ao invés do singular, traz a assimilação usual na segunda pessoa do masculino plural: "proclamareis" (ἀναγνώσεσθε), que corresponderia ao hebraico (תִּקְרָאוּ). Essa forma plural também está atestada no 4QDeut[b] e no Targum do Pseudo-Jônatas. A mudança tem a ver com a compreensão do coletivo presente na locução "todo o Israel", mas, principalmente, com a harmonização quanto ao problema, ao longo do Livro de Deuteronômio, que se verifica entre "tu" (v. 11b) e "vós" (v. 12e).

Tal mudança não ocorre na recensão de Orígenes da LXX, que mantém a forma no singular como se encontra no TM[L] e está de acordo, também, com a *Vulgata*, a *Peshitta*, o Targum Onqelos e o Targum Neofiti do pseudo-Jônatas. Diante disso, a forma no *yiqtol* יקרא, presente no Pentateuco Samaritano, poderia ser considerada um erro de grafia.

v. 12a[a]: No v. 12a, constata-se um particular, está dito para congregar "a criança", um substantivo masculino que está no singular. A sua tradução pelo plural justifica-se pelo fato de poder ser considerado, no hebraico, um substantivo

---

diante de YHWH" (BHQ, 136).

indicador de coletivo, ampliando não apenas o alcance dos destinatários, mas principalmente, mostrando a preocupação com as futuras gerações[131].

v. 12e[a]: A BHS[app] indica que em vários manuscritos hebraicos, no minúsculo 107, no Pentateuco Samaritano e em um manuscrito da LXX, o substantivo plural "deuses" (אֱלֹהִים) aparece com o sufixo pronominal na terceira pessoa do plural, "Deus deles" (אֱלֹהֵיהֶם), ao passo que o TM[L], a LXX e a *Vulgata* apresentam o sufixo na segunda pessoa do plural, "vosso Deus" (אֱלֹהֵיכֶם).

O v. 12 começa com um imperativo, uma ordem dada por Moisés aos sacerdotes e anciãos: "congrega" (הַקְהֵל). Esta ordem se refere diretamente a Israel, povo escolhido por YHWH. Sempre que o sufixo e o pronome aparecem na segunda pessoa do singular ou plural é uma referência direta a Israel, povo eleito da aliança. O uso do sufixo na terceira pessoa do plural "Deus deles" (אֱלֹהֵיהֶם), indicaria uma referência a algo ou alguém no diálogo entre duas pessoas (Moisés e Josué?).

No TM[L] do Livro de Deuteronômio encontra-se a forma comum, usada para indicar que a mensagem se direciona a Israel. Segundo a narrativa, Moisés se preocupa com a continuidade da instrução e com a fidelidade à aliança. Nesse caso, independe se está na segunda pessoa do masculino singular "teu Deus" (אֱלֹהֶיךָ) ou na segunda pessoa do masculino plural "vosso Deus" (אֱלֹהֵיכֶם), pois o povo pode ser tomado como tu ou como vós[132].

v. 13c[a]: Na BHQ[app] ocorre a mesma variante do v. 12e contido na BHS[app]. Aponta-se que o Pentateuco Samaritano, a *Vulgata* e a *Peshitta* trazem a terminação do substantivo "Deus" sufixada na terceira pessoa do plural, "Deus deles" (אֱלֹהֵיהֶם). O códice Vaticano apresenta a forma na segunda pessoa do singular "teu Deus" (אֱלֹהֶיךָ), a fim de harmonizar com o v. 11b. Já no códice Basiliano-Vaticano e nos códices minúsculos, o substantivo está com o sufixo na primeira pessoa do plural, "nosso Deus" (אֱלֹהֵינוּ), indicando a inclusão de quem faz o discurso. Contudo, a lição do TM[L], "vosso Deus" (אֱלֹהֵיכֶם) pode ser seguida, pois está devidamente apoiada pelo 1 QDeut[b], pela LXX e pelo Targum.

---

131. O hebraico se distingue da língua portuguesa em muitos pontos, no que diz respeito ao plural e ao coletivo. "Em português nos referimos a um agregado de criaturas voadoras com um plural, 'pássaros', mas o hebraico usa o singular עוֹף; em contrapartida, o português usa um singular para referir-se à 'face' humana, mas o hebraico usa um plural, פָּנִים. Tais discrepâncias existem porque nenhuma faceta da língua espelha o mundo diretamente. Número é uma categoria gramatical, como gênero, e assim, é parte de um sistema maior de uma determinada estrutura gramatical e lexical. Além disso, o uso de número revela até mesmo mais claramente o fato de que uma língua faz parte de uma cultura e é, por isso mesmo, moldada por aquela cultura" (WALTKE, B.K.; O'CONNOR, M.P. *Introdução à sintaxe do Hebraico Bíblico*, p. 111; cf. também p. 114).

132. No Deuteronômio, o uso dos pronomes: "teu" e "vosso" é uma característica literária atribuída à mão Deuteronômico-Deuteronomista. Os pronomes possessivos, "nosso", "teu" e "vosso" são formas usadas para indicar a proximidade da relação que o ser humano pode ter com seu Deus, que não está distante, mas plenamente presente na vida do seu povo (LÓPEZ, F.G. *O Pentateuco*, p. 231-234. 239).

Como foi citado no caso do v. 12e[a], quando se usa o pronome na terceira pessoa do singular ou plural, está se referindo a algo ou alguém. "Deus deles" está dando ênfase apenas a um determinado grupo de pessoas "os filhos deles", que é o sujeito da frase e o seu objeto é YHWH, que deve ser conhecido por "eles" (nova geração, que nasceu no deserto).

O sufixo pronominal "deles" poderia ser uma referência à primeira geração que saiu do Egito, mas que morreu no deserto devido à desobediência por ocasião da tomada de posse da terra (Nm 14,20-38). O TM[L] encontra apoio na LXX que usa o sufixo pronominal na segunda pessoa do plural: "vosso" (ὑμῶν). A mudança do sufixo pronominal sugere uma harmonização do texto.

v. 13d[b]: BHS[app] indica que o Pentateuco Samaritano, a LXX e a *Vulgata* preferem o pronome pessoal na terceira pessoa do plural, "eles" (הֵם); ao passo que o TM[L] utiliza o pronome na segunda pessoa do plural, "vós" (אַתֶּם).

Nesse caso, a terceira pessoa do plural parece promover um distanciamento "eles" como "aquele povo". Seria uma referência ao povo de forma indireta, ao passo que "vós" seria direta. É possível que o pronome na terceira pessoa do plural, "eles" (הֵם) em Dt 4,10, tenha servido para a opção do Pentateuco Samaritano, da LXX e da *Vulgata*. Em contrapartida, no TM[L] a opção pelo pronome na segunda pessoa do masculino plural, "vós" (אַתֶּם), teria base em Dt 12,1, mantendo assim, a dinâmica da forma característica de se referir a Israel[133].

Assim, os problemas textuais tratados não comprometem o sentido do TM[L]. A sua autoridade textual prevalece e revela que foi transmitida com o devido cuidado, razão pela qual permanece a base para o trabalho de crítica textual[134].

2.3 Delimitação, unidade e organização

2.3.1 Quanto à delimitação

Ainda que o protagonismo, quanto ao sujeito da fala, continue com Moisés, nota-se uma mudança quanto ao tema. Dt 31,1-8 tem a ver com a missão de Josué, ao passo que Dt 31,9-13 tem a ver com a escrita da Lei, a sua entrega aos sacerdotes da tribo de Levi e aos anciãos, bem como há a ordem da leitura ritual da Torá.

De algum modo, esses dois textos podem estar em relação, visto que, pela lógica da narrativa, Josué deveria se encarregar de colocar em prática essa ordem no primeiro ano sabático a ser celebrado após a entrada e a conquista da Terra

---

133. Seguiu-se o comentário ao aparato crítico da BHQ, 136.

134. ECHEGARAY, J.G., al et. *A Bíblia e seu contexto*, p. 474.

de Canaã pelos filhos de Israel. A ordem de congregar o povo, na segunda pessoa do singular no imperativo *hifil* em Dt 31,12a הַקְהֵל, poderia estar dirigida a Josué.

Ao detalhar o conteúdo de Dt 31,1-8, vê-se que se trata de uma narrativa em prosa e que faz parte dos últimos atos de Moisés no Livro de Deuteronômio (Dt 31,1–33,29)[135]. Em Dt 31,1-8, Moisés se dirige a Israel, informa a sua idade, cento e vinte anos (dado que se repete em Dt 34,7), e diz que não atravessará o Jordão, ou seja, está chegando ao fim de sua missão. Em seu lugar, Josué será o novo líder. Moisés motiva o povo com palavras de encorajamento, "Sede fortes e corajosos" (v. 6), e garante-lhes a presença de YHWH na jornada da conquista de sua herança – a Terra Prometida.

Ainda dentro deste discurso, Moisés fala diretamente a Josué diante de todo o Israel e repete as mesmas palavras: "Sê forte e corajoso"[136]. Transmite ao novo líder a continuidade de sua missão, motivando-o com palavras de confiança total em YHWH, o Deus justo e fiel, que fez aliança com eles (vv. 7-8)[137].

Nota-se que em Dt 31,1-8 o narrador introduziu o discurso direto de Moisés. No v. 1, a proposição verbal é iniciada com um *wayyiqtol* וַיֵּלֶךְ, que, literalmente se traduz por "e andou", mas que pode ser traduzido por uma expressão temporal, "depois foi", indica que tem início uma nova seção, estabelecida e marcada pela determinação temporal. No v. 2, novamente se verifica a presença do *wayyiqtol*, na fala de Moisés, discursando a Israel. Esta fala segue até o v. 6, pois no v. 7 acontecerá uma nova introdução narrativa, em que Moisés, agora de forma especial e particular, dirige-se a Josué, transmitindo instruções importantes relativas ao ofício que irá assumir. Desta forma, é concluída a primeira seção de Dt 31.

Na sequência, Dt 31,9-13 é uma nova fala de Moisés. Contudo, mudam as personagens e o enredo, que são bem diferentes. A palavra de Moisés é dirigida aos sacerdotes, filhos de Levi, e aos anciãos, que serão os responsáveis por levar o Livro da Lei junto da arca da aliança. A missão de congregar o povo para ouvir esta leitura parece, como acima referido, ter sido atribuída a Josué pela forma verbal no imperativo singular *hifil*. O ponto culminante dessa seção está na questão re-

---

135. É possível subdividir o Deuteronômio com base na forma e no conteúdo do livro. Dt 31,1–33,29 seria a quarta parte, admitindo a singularidade do relato da morte e sucessão da liderança por Josué em Dt 34 (FERNANDES, L.A. *Reflexão sobre o contexto e a singularidade de Dt 30,11-14*, p. 95-108).

136. "O texto parece dizer: 'Sê forte e corajoso, Josué', porém não para promover guerra e enfrentar inimigos sobre o campo de batalha. A tua coragem deve ser mostrada, antes de tudo, na observância da Lei de Moisés" (SKA, J.L. *O Antigo Testamento*: Explicado aos que conhecem pouco, p. 71).

137. "Os vv. 7-8 se referem à segunda intervenção de Moisés e aborda diretamente a sua sucessão para Josué. A série de quatro verbos tendo YHWH como sujeito הֹלֵךְ, יִהְיֶה, יַרְפְּךָ e יַעַזְבֶךָ, 'indo a sua frente', 'estarei contigo', 'não te deixarei' e 'não te abandonarei', aparece somente neste texto (31,1-8). Os quatro verbos representam o ponto mais alto da comunhão entre YHWH e seu novo líder: Josué" (PAGANINI, S. *Deuteronomio*, p. 426).

52

lativa à leitura da Lei. Quando ela deverá ser feita? Qual o tempo propício? Quem deverá participar dessa celebração? Em que lugar ela deverá ser proclamada?

Em Dt 31,1-8, além do protagonista, aparecem como personagens Israel e Josué. A mensagem principal é, diante do povo, apresentar o novo líder e encorajar a ambos sobre o enfrentamento e a tomada de posse da Terra Prometida. Já em Dt 31,9-13, muda completamente a cena. Os ouvintes do discurso de Moisés agora são os sacerdotes, filhos de Levi, e os anciãos das tribos de Israel. O assunto principal é o Livro da Lei. Muda a cena, mudam as personagens, muda o enredo, mas o protagonismo continua com Moisés.

Em Dt 31,1-8, o enfoque maior está na figura de Josué e sua futura missão. Apesar da relação apontada, em virtude do tema, nota-se perfeitamente que se trata de duas perícopes independentes, bem estruturadas por vários elementos que compõem e distinguem cada cena com seu próprio enredo, em que se consegue perceber nitidamente, o início e o fim, de cada fala e sua respectiva cena.

No tocante ao texto subsequente, Dt 31,14-18, percebe-se uma retomada do interesse pela pessoa de Josué. YHWH é o sujeito da fala dirigida a Moisés, pois se aproxima o dia da sua morte[138]. Nesse sentido, Dt 31,14-18 parece, de algum modo, continuar o que havia sido iniciado em Dt 31,1-8.

O tema da proximidade da morte de Moisés é retomado e, consequentemente, a preocupação com a sucessão do líder. Josué foi o escolhido e segundo a ordem dada por YHWH a Moisés os dois deveriam se apresentar na Tenda da Reunião[139] para ali receberem as instruções que serão dadas pelo próprio YHWH.

Dt 31,14-18 também é introduzido por um verbo no *wayyiqtol* – "e disse" (וַיֹּאמֶר) – e logo após encontra-se uma partícula de interjeição, abrindo uma nova proposição, dando ênfase à fala de YHWH. Essa partícula pode ser traduzida por "eis que". Nessa proposição, YHWH é o sujeito e a sua fala é dirigida a Moisés.

---

138. A morte de Moisés fora da Terra Prometida não é uma punição, mas uma realização da promessa divina. Os cento e vinte anos de sua vida representam completude e plenitude. O Livro de Deuteronômio dá o motivo de sua morte (Dt 1,26.34-37; 3,25-27). Segundo Gn 6,3, cento e vinte anos é o limite estabelecido por Deus para a duração da vida de um homem. Portanto, Moisés morre porque chegou ao limite de idade imposto por YHWH. Moisés morre porque a sua tarefa de transmissor da Torá com a colocação por escrito no livro está terminada (PAGANINI, S. *Deuteronomio*, p. 459-460).

139. "Tenda, literalmente *tabernaculum*, nome frequentemente usado em traduções para indicar a tenda sagrada do antigo Israel. A tenda tem dois nomes em hebraico: *mishkan* 'morada', significa que a tenda é o lugar onde YHWH habita no meio de seu povo. Este é o termo do templo comum no AOM. O outro nome, *'ohel mo'ede*, 'tenda do encontro', é mais propriamente israelita. O 'encontro': não é o dos homens em assembleia cultual, porém o encontro de YHWH com Israel mediante Moisés. A tenda é o lugar da revelação" (McKENZIE, J.L. Tenda. In: *Dicionário Bíblico*, p. 919). Segundo FREITAS, T. (*Análise exegética de Nm 18,1-7*, p. 19 e 24): Também se pode dizer que YHWH habita no meio dos israelitas (Nm 14,14), com uma presença em sentido locativo, através de um objeto que o povo leva consigo: a Tenda da Reunião (Nm 10,35; 11,24-25), pois se trata de um objeto desmontável e transportável (Nm 3,25–4,10; 10,17-21).

Volta em cena Josué, que estava presente nos vv. 1-8 e ausente nos vv. 9-13, caso o v. 12a não se refira à sua pessoa. Então, nos vv. 14-18, o protagonista é o próprio YHWH, que fala diretamente a Moisés na presença de Josué. O episódio, porém, ocorre em outro ambiente, há uma mudança no local geográfico da cena, pois o lugar é determinado por YHWH e é considerado um lugar santo[140].

Portanto, três pontos importantes podem ser destacados e permitem dizer que Dt 31,9-13 é uma seção independente: um local específico que difere do ambiente anterior, pois nos vv. 9-13 nada é informado (no próprio texto) acerca do local, sabe-se que os discursos de Moisés ocorreram nas estepes de Moab (Dt 1,1-5). O segundo ponto é a presença de outras personagens, que entram em cena ao lado de Moisés: YHWH e Josué. O terceiro ponto diz respeito ao tema, pois nos vv. 9-13 o enfoque está no Livro da Lei e a sua proclamação. Sob este pano de fundo são dadas as ações futuras: a investidura de Josué como novo líder e a conquista da Terra de Canaã.

Entre os vv. 9-13 e 14-18 existe uma relação, pois o centro de tudo está no cumprimento da Lei que foi estabelecida por YHWH e escrita por Moisés no livro entregue aos sacerdotes e colocado ao lado da arca, seguindo com eles para a Terra de Canaã, onde Josué, como "lugar tenente", a colocará em prática. Há uma relação no conteúdo e na finalidade, mas os discursos pertencem a seções distintas, pois houve mudança de foco na pessoa que profere o discurso, novas personagens foram introduzidas na cena e aconteceu um deslocamento geográfico.

A fala do narrador é constante nas seções introduzindo um novo discurso, marcado sempre por um verbo no *wayyiqtol*. Percebe-se a mudança de assunto, apesar de haver uma perspectiva unindo Dt 31,9-13 ao texto subsequente. YHWH prevê o que vai acontecer quando Israel tomar posse da terra e se misturar aos povos pagãos (v. 16), por isso institui o Livro da Lei (v. 9). A fala é uma prolepse e serve de alerta, pois a geração seguinte à da conquista irá se corromper na idolatria e esquecerá o Livro da Lei. A cólera de YHWH se inflamará e ele os abandonará (v. 17)[141].

---

140. Segundo PAGANINI, S. (*Deuteronomio*, p. 427-428): "Pela primeira vez, dentro do Deuteronômio, a intervenção de YHWH não é mediada por Moisés, mas introduzida pelo narrador que propõe assim um verdadeiro discurso direto da divindade. YHWH quer se encontrar com o sucessor e dá a ele às suas ordens. O lugar designado para o encontro foi a tenda da reunião. Este santuário, característico do período de peregrinação no deserto, aparece pela primeira vez em Deuteronômio neste texto (Dt 31,14-18)".

141. A escolha da vida em detrimento da morte é uma moldura no Livro de Deuteronômio. A geração nascida no deserto teve, diante de si, a morte dos que saíram do Egito e testemunharam o fruto da desobediência. A escolha da vida é sinal de fidelidade e de amor a YHWH (WRIGHT. C.J.H. *Deuteronomio*, p. 427; PAPOLA. G. *Deuteronomio*, p. 341).

Dt 31,9-13 é iniciado por um verbo no *wayyiqtol*, um "tempo" que serve para assinalar um começo narrativo. O uso do *wayyiqtol* é característico da narrativa e evidencia a ação em primeiro plano. Assim sendo, marca o "início de uma unidade textual autônoma"[142]. Na sequência, tem-se outro *wayyiqtol*, dando prosseguimento a narração e em seguida o verbo vai para o *yiqtol*, esta mudança sugere o início de um discurso. No v. 10, o verbo encontra-se no grau *piel* e denota a forma intensiva na voz ativa. Moisés abre o discurso direto indicando o que deverá ser feito.

Assim sendo, verifica-se que Dt 31,9-13 começa com uma proposição verbal no *wayyiqtol* que introduz a narrativa, para se chegar ao discurso de Moisés que é iniciado por um *yiqtol*, pontos característicos da língua hebraica[143].

No início do texto a cadeia de *wayyiqtol* vem formando uma série de orações coordenadas que estão reputadas como continuação da anterior, mas serve também como "ponte" para os segmentos posteriores.

Outra característica da narração é o uso da terceira pessoa, pois refere-se a pessoas ou feitos não presentes. Em Dt 31,9-13 entre verbos explícitos e implícitos são encontrados 24 verbos, 14 estão conjugados na terceira pessoa, 4 na segunda pessoa e 6 verbos estão no infinitivo (sendo que 2 estão com sufixo de terceira pessoa). Há uma predominância quase que total no uso da terceira pessoa[144].

Há também uma fórmula inicial na perícope, v. 9, "e escreveu Moisés esta Lei" (אֶת־הַתּוֹרָה הַזֹּאת וַיִּכְתֹּב מֹשֶׁה). Fórmula bem parecida com as utilizadas na abertura dos quatro discursos proferidos por Moisés no Livro de Deuteronômio[145]. Quatro sentenças são colocadas na boca do narrador, em seguida é Moisés quem assume o discurso. De modo parecido, em Dt 31,9, Moisés entra em cena assumindo o discurso. Uma fórmula introdutória é uma estratégia usada pelo autor sagrado para iniciar um novo texto e é uma dinâmica marcante no Livro de Deuteronômio.

---

142. NICCACCI, A. *Sintaxis del Hebreo Bíblico*, p. 159 e 161.

143. As formas verbais do *wayyiqtol* e *yiqtol* são fundamentais da prosa hebraica e foram identificadas mediante a oposição entre mundo narrado (*wayyiqtol*) e mundo comentado ou "discurso" (*yiqtol*). As sequências narrativas são caracterizadas tanto pela combinação do *qatal* com o *yiqtol* como do *yiqtol* com o *qatal*. A conjunção *waw* na sequência narrativa pode assumir tanto a função "conversiva" como "consecutiva". A lógica temporal hebraica deve ser preservada ao máximo na tradução (LAMBDIN, T.O. *Introducción al Hebreo Bíblico*. Lição 24, p. 106-107).

144. Cf. anexo 1.

145. Primeiro Discurso (Dt 1,1): "Estas são as palavras" – (אֵלֶּה הַדְּבָרִים). Segundo Discurso (Dt 4,44): "Esta é a Lei" – (הַתּוֹרָה וְזֹאת). Terceiro Discurso (Dt 28,69): "Estas são as palavras" – (אֵלֶּה דִבְרֵי). Quarto Discurso (Dt 31,1): "Moisés falou estas palavras" – (וַיֵּלֶךְ מֹשֶׁה וַיְדַבֵּר אֶת־הַדְּבָרִים). Trata-se de quatro sentenças nominais (sem verbo explícito) que geralmente começam com um pronome demonstrativo e são seguidas por um substantivo, o qual especifica e sintetiza o conteúdo principal (LÓPEZ, F.G. *O Pentateuco*, p. 240).

Uma visão geral dos textos, precedente e subsequente, permite perceber que nos vv. 1-8 se encontram as palavras de Moisés dirigidas a Josué; nos vv. 9-13 estão palavras de Moisés dirigidas aos sacerdotes, filhos de Levi, e anciãos; nos vv. 14-18 muda-se o sujeito, YHWH é quem fala e suas palavras são dirigidas a Moisés e Josué. Há, por assim dizer, uma unidade em cada seção, permitindo a sua devida delimitação. Assim, o papel da Lei entregue aos sacerdotes – encarregados da arca da aliança de YHWH – e aos anciãos em Dt 31,9-13 está entre duas falas marcadas pela presença de Moisés e Josué.

Fixando um olhar em Dt 31,9-13 percebe-se que o texto aberto pela fórmula introdutória não encontra uma espécie de repouso, pois segue à fala de Moisés, uma ordem de YHWH: "Chama Josué, e apresentai-vos na Tenda de Reunião" (v. 14). Acontece, então, um salto para um novo discurso, em que YHWH assume a fala, fato que distingue bem a separação dos dois textos. Assim, curiosamente, os vv. 9-13 são retomados nos vv. 24-29 como uma forma de concretizar ou de reforçar a ordem. Dt 31,30, enquanto conclui o que precede, serve de introdução para o cântico de Moisés (Dt 32,1-43). No final, o narrador toma a palavra e enfatiza a figura de Josué ao lado de Moisés (v. 44)[146].

2.3.2 Quanto à unidade

a) Do ponto de vista dos períodos

Percebe-se que Dt 31,9-13 está articulado através de três períodos compostos, que englobam os seguintes versículos: 1º período v. 9, 2º período vv. 10-11, 3º período vv. 12-13.

O primeiro período é iniciado com uma oração principal que se encontra no v. 9a: "E escreveu Moisés esta Lei". Na sequência, estão orações coordenadas, que podem ser classificadas como sindéticas aditivas, pois estão marcadas pela conjunção "e" (*waw*), denotando acréscimo de informações. Estas orações estão associadas às ações e movimentos de Moisés e abrangem todo o v. 9.

O segundo período é composto de uma oração principal, localizada no início do v. 10, "e ordenou-lhes Moisés", logo a seguir vê-se, na segmentação 10bc, que são orações subordinadas objetivas diretas, uma está sinalizada pelo verbo no infinitivo construto לֵאמֹר e a outra sinalizada pelo uso das preposições בְּמֹעֵד / מִקֵּץ / בְּחַג. No v. 11a, tem-se a presença de um verbo no infinitivo construído com uma preposição, o que dá ao verbo uma característica temporal "quando for" (בְּבוֹא),

---

146. Dt 31,1-29 parece compósito. Contudo, do ponto de vista metodológico: "Esse fato indica que houve uma vontade e uma mão de escritor que juntaram essas diversas unidades" (SIMIAN-YOFRE, H., et. al. *Metodologia do Antigo Testamento*, p. 91).

é um verbo de movimento. Tem-se, então, mais uma oração subordinada, agora com valor adverbial de tempo. Em seguida, no v. 11b, aparece outro verbo no infinitivo construto לִרְאוֹת, caracterizando outra oração subordinada, expressando finalidade, pois todo o Israel deveria ir, no período da festa dos tabernáculos "para se apresentar" diante de YHWH, a oração se trata de uma adverbial final.

O v. 11c oferece um dado relevante, pois YHWH é que escolhe o local de culto. A proposição é nominal, porque quer enfatizar o "lugar" de culto[147]. O segundo período tem duas orações principais, uma está localizada no segmento v. 10a e a outra no v. 11d, da qual se pode extrair, de forma resumida, o ponto alto do assunto abordado: "E ordenou-lhes Moisés: proclamarás esta Lei". Esta é a mensagem culminante estabelecida dentro desse período.

Uma grande atenção deve ser dada ao fato do verbo "proclamarás" ser apresentado no singular (v. 11d). O sujeito do verbo está implícito: "tu", segunda pessoa do singular, o que leva a entender que se trata de uma única pessoa, e esta pessoa está bem próxima a Moisés. É possível que se trate de Josué, já que ele está presente no discurso precedente (Dt 31,1-8) e no subsequente (Dt 31,14-18) e estará na linha de frente, como novo líder de Israel, isto lhe confere a autoridade e o dever de proclamar a Lei.

O terceiro período é mais extenso, pois é composto por diversas orações. Nota-se que a maior parte dos verbos está na terceira pessoa: "ouçam" (יִשְׁמְעוּ), "aprendam" (יִלְמְדוּ), "temam" (יִרְאוּ), "observem" (שָׁמְרוּ), "conhecem" (יָדְעוּ), caracterizando o discurso narrativo.

Enfim, encontram-se alguns verbos no infinitivo construto: "cumprir" (לַעֲשׂוֹת), "temer" (לְיִרְאָה) e "tomar posse" (לְרִשְׁתָּהּ).

Os vv. 12-13 são compostos por diversas orações subordinadas, mas também se tem a presença de orações coordenadas sindéticas aditivas. A oração principal que está no v. 12a e é governada por um imperativo "congrega" (הַקְהֵל), também funciona como sujeito dos verbos ouvir, aprender, temer, observar e cumprir: "o povo: os homens, as mulheres, as crianças e o teu estrangeiro". No v. 13a muda o sujeito, e a referência tem a ver com a segunda geração, a que nasceu no deserto: "os filhos deles" (בְּנֵיהֶם).

A partir desse ponto, a segunda geração vai ser o sujeito dos seguintes verbos: "conhecer" (יָדְעוּ), "escutar" (יִשְׁמְעוּ), "aprender" (וְלָמְדוּ), "temer" (לְיִרְאָה). Os vv. 13a.13b se entrelaçam e podem formar uma oração principal, ficando da se guinte forma: "E os filhos deles ouçam" (וּבְנֵיהֶם יִשְׁמְעוּ). Quanto a expressão

---

147. "E é possível que as leis sobre está centralização sejam acréscimos feitos no tempo de Ezequias, principalmente quando se diz 'entre todas as tribos' (Dt 12,5), 'numa de suas tribos' (Dt 12,14), isto é, o santuário agora em questão era somente o Templo de Jerusalém" (STORNIOLO, I. *Como ler o Livro do Deuteronômio*, p. 28).

"que não conhecem" (אֲשֶׁר לֹא־יָדְעוּ), trata-se de uma oração subordinada relativa apositiva.

No v. 13c se tem uma oração coordenada sindética aditiva e no v. 13d aparece uma oração subordinada adverbial temporal, iniciada com a expressão "todos os dias" (כָּל־הַיָּמִים); em seguida, o v. 13e apresenta uma oração coordenada sindética explicativa e o v. 13f uma oração subordinada adverbial final, porque é esta a geração que vai atravessar o Jordão, tomar posse da Terra Prometida e deverá escutar e aprender a Lei, para que as palavras de YHWH tenham pleno cumprimento em suas vidas[148].

Os verbos em sua totalidade são de ação e promovem a dinâmica do texto: tudo se direciona para o Livro da Lei, o livro que garante a vida e as bênçãos, caso seja colocado em prática. Há proposições nominais, mas prevalecem as verbais. Em Dt 31,9-13, encontram-se 14 proposições verbais e 11 proposições nominais.

No v. 11c, visto que a oração não começa com um verbo, pode-se pensar que houve a intenção de evidenciar a primeira informação: "no lugar" (בַּמָּקוֹם), que aparece em primeiro plano nesta proposição nominal. Nota-se um eco com a noção típica do Livro de Deuteronômio, quanto à escolha do futuro lugar de culto, já que pela narrativa, Israel ainda não entrou em Canaã[149].

Na proposição nominal do v. 13f, uma partícula adverbial com he de direção, "para ali" (שָׁמָּה), indica o local para o qual Israel se dirige, oferecendo precisão, pois fica do outro lado do Jordão. Neste último segmento, a ação está indicada pelo verbo no infinitivo construto לְרִשְׁתָּהּ, sufixado na terceira pessoa do feminino singular, correspondendo ao objeto da conquista: a terra. A ideia de posse expressa-se por meio do sufixo que funciona como adjetivo possessivo.

b) Do ponto de vista da lógica narrativa

O v. 9a apresenta a ação e seu sujeito: "E escreveu Moisés" (וַיִּכְתֹּב מֹשֶׁה). O mesmo sujeito é repetido pelo nome no v. 10a. Ao lado do sujeito, que se mantém presente no texto pelo discurso que faz (vv. 10c–13f), o objeto direto presente na locução "esta Lei" (הַתּוֹרָה הַזֹּאת) foi usado mais duas vezes nos vv. 11d e 12g.

---

148. "'E acontecerá que o Senhor, seu Deus, o levará à terra que havia prometido a seus pais – a Abraão, a Isaac e a Jacó – para dá-la a vocês'. O fato de a antiga promessa estar tão perto de ser cumprida causava não somente alegria, mas também seriedade diante da responsabilidade que a promessa impunha. Moisés expressa essa alegria descrevendo a copiosa abundância da terra que Deus lhes daria. Este seria o perigo que o povo enfrentaria ao entrar na terra e que Moisés estava preocupado. Na terra, as próprias riquezas e excelências poderiam levar o povo a uma atitude de esquecimento que seria desastrosa" (CRAIGIE, P.C. *Comentários do Antigo Testamento*: Deuteronômio, p. 169-170).

149. "YHWH, Deus único (Dt 6,4), poderá ser legitimamente adorado em apenas um santuário, no lugar 'escolhido pelo Senhor, para nele fazer habitar o seu nome' (Dt 12,11 entre outros). Trata-se, quanto ao lugar não citado nos textos, de Jerusalém" (GRADL, F.; STENDEBACH, F.J. *Israel e seu Deus*, p. 41).

YHWH e Israel, unidos pela Lei escrita por Moisés (v. 9a) e pela posse da terra (v. 13f), são os motivos da fala de Moisés aos seus destinatários: os sacerdotes (v. 9b) e os anciãos (v. 9d). O Tetragrama Sagrado יְהוָה foi usado quatro vezes (vv. 9c.11b.12e.13c); já o nome "Israel" (יִשְׂרָאֵל) foi usado três vezes (vv. 9d.11a.11e). Os sacerdotes são qualificados pela tribo à qual pertencem, "filhos de Levi" (v. 9b), já os anciãos são designados pelo povo, "Israel" (v. 9d).

Aos sacerdotes e aos anciãos cabem realizar ações específicas: proclamar a Lei a cada sete anos a fim de instruir Israel, assumido em sua totalidade: homens, mulheres, crianças e estrangeiros (v. 12a). A finalidade principal que advém da celebração é "temer" YHWH, verbo que se repete duas vezes (vv. 12e.13c). Esta ação aparece como derivada de outras duas: ouvir (v. 12c.13b) e aprender (v. 12d.13c). Assim, transparece a consequência: "vivereis sobre a terra" (v. 13d).

O pronome demonstrativo "este" (הַזֹּאת), precedido de artigo, assumindo valor de adjetivo atributivo. Por este se qualificou o substantivo determinado por artigo, "a Torá" (הַתּוֹרָה), indicando que é a base de todo o discurso de Moisés, razão pela qual recebeu ênfase pelas repetições indiretas ao longo do v. 12, pois seria o complemento de cada verbo no infinitivo construto.

No tocante às ações, dentro do discurso de Moisés (vv. 10c–13f), percebe-se a noção de futuro em função de um momento celebrativo específico (v. 10c). O uso do *yiqtol* (v. 11cd) e do estado construto fundamentam essa prerrogativa temporal. Em particular, a forma verbal no estado construto (vv. 10b.11a.11b.12g.13c.13f) aparece como uma marca do conteúdo que Moisés desenvolve.

Alguns segmentos iniciam por uma alusão ao tempo (v. 10c: מִקֵּץ שֶׁבַע שָׁנִים) e lugar (v. 11c: בַּמָּקוֹם), dando ênfase ao período que foi estabelecido para leitura da Lei e o lugar onde deverá ser, efetivamente, realizada esta leitura: "por ocasião do ano da remissão, na festa dos tabernáculos" (10c). A Lei, colocada em prática, "todos os dias" (v. 13d), servirá como garantia de permanência na terra.

Uma formulação com valor adverbial, "para ali" (v. 13f), reforça o sentido da posse da terra. É o lugar onde a Lei, escrita por Moisés, dada aos sacerdotes e aos anciãos, será lida a cada sete anos diante de todo o povo, em uma festa específica, "tabernáculos", a fim de que septenariamente seja proclamada, conhecida e vivida integralmente no cotidiano da vida do povo estabelecido na terra. Revela-se a correspondência entre a leitura a cada sete anos e o que Israel poderá experimentar diariamente: "vivereis sobre a terra" (v. 13d).

Em síntese, a lógica interna de Dt 31,9-13 permite perceber claramente o tema enfatizado na narrativa: "esta Lei" (הַתּוֹרָה הַזֹּאת). Todos devem ouvir "esta

Lei" (vv. 12c.13b), aprender "esta Lei" (v. 12d), observar "esta Lei" (12f). Assim, o discurso de Moisés, em tom exortativo, confere unidade à perícope[150].

c) Do ponto de vista estilístico

Dt 31,9-13 apresenta recursos estilísticos. A conjunção "e" (*waw*) aparece em várias orações coordenadas sindéticas aditivas (vv. 9b.9d.12e.12f.13c). Notam--se, ainda, outras funções para o *waw*: ligar ações e produzir alteração no sentido temporal. Além disso, o *waw* ocorre nove vezes de um total de 12 usos, abrindo proposições. As maiores incidências ocorrem nos vv. 9.12.13.

A presença do substantivo "todo/todos/toda/todas" (כָּל) mostra que as determinações de YHWH exigem a totalidade do ser: "todos" os anciãos foram informados da responsabilidade de resguardar a Lei (v. 9d); "todo" o povo de Israel deveria se apresentar diante de YHWH (v. 11a) e foi determinado que ninguém poderá estar ausente da solenidade voltada para a instrução através da leitura da Lei e, novamente, é reafirmado que a Lei deverá ser proclamada diante de "todo" o Israel (v. 11e), para que aprendam e possam cumprir "todas" as palavras (v. 12g) em "todos" os dias de sua vida (v. 13d). Moisés, que escreve "esta Lei" e é porta--voz de YHWH, deixa claro que Israel deve se entregar totalmente para possuir integralmente, todos os dias, a terra que está além do Jordão. A base recai sobre o conhecimento da Lei pela qual se cumpre a vontade de YHWH.

Outro recurso estilístico usado no texto seria o substantivo comum plural, assumido como indicador de quem é YHWH: "teu Deus" (אֱלֹהֶיךָ) e "vosso Deus" (אֱלֹהֵיכֶם)[151]. YHWH, Deus de Israel, é o motivo e a razão indispensável para o cumprimento das ordens dadas por Moisés aos sacerdotes e aos anciãos[152].

Outro aspecto que se pode considerar e que perpassa praticamente todo o Livro de Deuteronômio são as seções tu/vós. As seções "vós" correspondem às narrações históricas e se referem diretamente à geração do Horeb/Sinai, os pais, em contrapartida as seções "tu" são preferencialmente parenéticas e estão destinadas à geração da conquista, os filhos[153].

---

150. "A recitação pública periódica do documento pactual deveria acontecer no futuro, em intervalos de sete anos. No ano sabático, durante a festa dos tabernáculos, a lei deveria ser recitada aos ouvidos de todo o Israel. Sobre a festa dos tabernáculos, cf. Dt 16,13-15. 'No lugar que ele escolher' (Dt 31,11; 16,15), a cerimônia seria realizada no santuário, onde as tábuas/pedras da aliança e a lei escrita (Dt 31,9) estariam guardadas" (CRAIGIE, P.C. *Comentários do Antigo Testamento*: Deuteronômio, p. 359).

151. CHAMPLIN, R.N. *O Antigo Testamento interpretado*: Versículo por versículo, p. 10.

152. O nome divino, no Livro de Deuteronômio, é citado mais de trezentas vezes, o que mostra a importância de exaltar o Deus de Israel (HOFF, P. *O Pentateuco*, p. 260).

153. Segundo LÓPEZ, F.G. (*El Deuteronomio* – una ley predicada, p. 19-20): "Para se entender essa mudança de número singular/plural, que certamente não é fruto do acaso, provavelmente a sua explicação deve ser

Em síntese se tem uma perícope bastante despojada, simples, de fácil leitura, que comunica seus propósitos de forma esclarecedora e precisa. No desenrolar do enredo se estabelece uma conexão entre os três períodos indicados, que em grande parte é formado por orações subordinadas; configuradas uma com as outras de forma progressiva, em que o sujeito Moisés, pelo seu ponto de partida e desenvolvimento do discurso, alcança o seu ponto final. Todos os envolvidos, sacerdotes, anciãos, "Josué" e todo o povo sabem perfeitamente o que deve ser feito e por qual razão deve ser feito.

Diante as considerações acima elaboradas pode-se afirmar que Dt 31,9-13 é um texto bem articulado e que pode ser considerado unitário, pois possui um tema devidamente organizado, segundo uma lógica interna[154]. No seu conjunto, Dt 31,9-13 foi aberto pelo narrador (vv. 9–10b) e prosseguiu, sem problemas, com a fala de Moisés (vv. 10c–13f). Desse modo, compreende-se a dinâmica que abriu o livro, em que a fala do narrador (Dt 1,1-5) ambientou o primeiro discurso (Dt 1,6–4,40), e mostrou o valor do último dia da vida de Moisés[155].

2.3.3 Quanto à organização

Dt 31,9-13, então, pode ser organizado a partir de três períodos compostos. Seguindo a sua lógica interna: o v. 9 contém a fala do narrador; os vv. 10-11 contextualizam o quando e o que deve ser feito; os vv. 12-13, além de ampliar os vv. 10-11, apresentam o para quem, e o efeito que se espera da ação.

O segmento 9a é uma oração principal iniciada por um verbo no *wayyiqtol*: "e escreveu" (וַיִּכְתֹּב). Os vv. 9b.9d contêm orações coordenadas sindéticas aditivas, que apesar de serem "independentes", então ligadas pelo *waw* consecutivo. O segmento 9c é um aposto que complementa a informação dada no v. 9b.

O segundo período é iniciado pelos segmentos 10a.10b, que correspondem ainda à fala do narrador, agora introduzindo o discurso direto de Moisés, marca-

---

procurada no processo de formação dos textos. Como regra geral, pode-se afirmar que as seções parenéticas e legislativas no singular correspondem ao Deuteronômio primitivo (a maior parte dos capítulos 6–28), e que as seções históricas e outras passagens no plural foram acrescentadas posteriormente (boa parte dos caps. 1–5; 9,7-10.11; 29–34)".

154. SIMIAN-YOFRE, H., et. al. *Metodologia do Antigo Testamento*, p. 84.

155. SKA, J.L. *I nostri padri ci hanno raccontato*, p. 24. Il Deuteronomio contiene gli ultimi discorsi di Mosè, pronunciati l'ultimo giorno della sua vita (Dt 1,3; 32,48-52; 34,5). Il tempo raccontato è quello di una giornata e il tempo raccontante quello dei 34 capitoli del Deuteronomio. Si tratta del "giorno più lungo" di tutta la permanenza nel deserto.

do pelo verbo no *wayyiqtol*: "e ordenou" (וַיְצַו), seguido de um verbo no infinitivo construto, "dizendo" (לֵאמֹר), que abre o discurso direto de Moisés[156].

No v. 10c a primeira oração é preposicional (מִקֵּץ) e é seguida por um duplo aposto que situa o sentido do tempo e do acontecimento de índole cultual.

Nos segmentos 11ab os dois verbos estão no infinitivo: "quando for" (בְּבוֹא), "para se apresentar" (לְרָאוֹת). As duas orações são subordinadas: a primeira, é adverbial temporal; a segunda, uma adverbial final. Na sequência, o segmento 11c complementa o "quanto" e o "quê", com uma referência a um "lugar" indeterminado (בַּמָּקוֹם), seguido de uma partícula relativa que introduz uma oração cujo sujeito oculto é YHWH: "escolherá" (יִבְחָר).

Uma vez que as informações necessárias foram oferecidas por Moisés, segue-se uma ação (v. 11d), cujo sujeito está na segunda pessoa do masculino singular: "proclamarás" (תִּקְרָא). Trata-se de um verbo bitransitivo, com complemento direto: "esta Lei" (הַתּוֹרָה הַזֹּאת), e indireto (v. 11e): "diante de todo Israel" (נֶגֶד כָּל־יִשְׂרָאֵל). Este último objeto recebe uma ulterior complementação: "aos ouvidos deles" (בְּאָזְנֵיהֶם). A mudança na pessoa do verbo não permite que se pense, *a priori*, que se trata dos sacerdotes e anciãos indicados no v. 9b.9d.

O terceiro período aberto no segmento 12a contém uma expressa ordem de Moisés a um sujeito, que também, como no v. 11d, está na segunda pessoa do singular: "congrega" (הַקְהֵל). O objeto direto dessa ação, marcado pela partícula אֵת, é um coletivo determinado: "o povo" (הָעָם), que recebe um desdobramento por categorias, segundo um critério decrescente: "os homens" (הָאֲנָשִׁים), "as mulheres" (הַנָּשִׁים), "as crianças" (הַטַּף) e "o teu estrangeiro" (גֵרְךָ). Este grupo destinatário da ação por meio de uma oração relativa com verbo implícito, encontra-se devidamente localizado e que tem a ver com o local determinado por YHWH: "que [está] dentro dos teus portões" (אֲשֶׁר בִּשְׁעָרֶיךָ).

Os segmentos 12cd contêm orações subordinadas finais. A mesma conjunção é usada para iniciar as duas sentenças "para que" (לְמַעַן), e denotam este particular, dando ênfase às proposições. O sujeito, pela pessoa verbal, corresponde às categorias de pessoas do segmento anterior; deverão se reunir com a finalidade de "ouvir" (יִשְׁמְעוּ) e "aprender" (יִלְמְדוּ), para "temer" (וְיָרְאוּ) a "YHWH, o vosso Deus" (v. 12e).

Tendo como ponto de partida a Lei escrita por Moisés (v. 9a) pode-se aceitar que os segmentos 12fg são o ápice desse período. A Lei, posta por escrito, lida, escutada e obedecida é o ponto principal da mensagem e finalidade das ações: "observar" (שָׁמְרוּ) e "colocar em prática" (לַעֲשׂוֹת).

---

156. O infinitivo construto לֵאמֹר é extremamente frequente e amplamente usado na frase que introduz o discurso direto e serve para suprir a ausência do sinal de pontuação (JOÜON, P.; MURAOKA, T. *Gramática Del Hebreo Bíblico*, p. 461).

A presença da "criança", como categoria pessoal no final do v. 12a, recebe um sentido pedagógico em relação aos pais, no sujeito plural da proposição nominal do segmento 13a: "e os filhos deles" (וּבְנֵיהֶם). É o sujeito tanto da frase relativa intercalada: "que não conhecem" (אֲשֶׁר לֹא־יָדְעוּ), como da frase direta (v. 13b): "ouçam" (יִשְׁמְעוּ), e da sua aditiva (v. 13c): "e aprendam a temer" (וְלָמְדוּ לְיִרְאָה), cujo objeto direto, "a YHWH vosso Deus" (אֶת־יְהוָה אֱלֹהֵיכֶם), corresponde perfeitamente à finalidade desejada no v. 12e.

Pelo *aṭnāh* da indicação massorética (v. 13c), no segmento 13d, encontra-se uma oração subordinada adverbial temporal: "todos os dias" (כָּל־הַיָּמִים), seguida de uma partícula relativa "que" (אֲשֶׁר), a qual precede a oração nominal: "vós vivereis sobre a terra" (אַתֶּם חַיִּים עַל־הָאֲדָמָה), que reassume o sujeito coletivo em suas categorias de pessoas do v. 12a.

A razão, ou justa motivação, para tudo o que foi dito por Moisés aparece nos dois últimos segmentos. No v. 13e encontra-se uma oração formalmente paralela ao v. 13d: partícula relativa, pronome pessoal, verbo e complemento, "porque vós atravessareis o Jordão" (אֲשֶׁר אַתֶּם עֹבְרִים אֶת־הַיַּרְדֵּן)[157]. No v. 13f a proposição é nominal, iniciada por uma formulação com valor adverbial "para ali" (שָׁמָּה), que enfatiza a proximidade geográfica da terra ao qual eles irão tomar posse e viver. A ênfase é entendida por dois motivos: o advérbio encontra-se em primeira posição na frase e, também, por conter o *he* de direção, indicando a terra.

Considera-se, portanto, que Dt 31,9-13 está devidamente organizado e flui textualmente. As únicas "tensões" se encontram nas locuções, "teu Deus" (v. 11b) e "vosso Deus" (vv. 12e.13c), bem como no sujeito no singular dos verbos, "proclamarás" (v. 11d) e "congrega" (v. 12a), que parecem não se aplicar nem aos sacerdotes (v. 9b) nem aos anciãos (v. 9d), mas como se supõe, na exigência de comprovação, poderiam estar dirigidas à pessoa de Josué, que é uma figura relevante em Dt 31,1-8.14-18. Assim sendo, pode-se proceder com a apresentação da estrutura e do respectivo gênero literário.

2.4 Estrutura e gênero literário

2.4.1 Quanto à estrutura

O contexto literário de Dt 31,1-30 apresenta uma sequência que pode ser visualizada de maneira concêntrica em torno de um centro que consiste no diálogo entre YHWH e Moisés. A unidade pode ser articulada em cinco momentos[158].

---

157. A discussão sobre a opção de tradução da partícula relativa (אֲשֶׁר) por uma conjunção explicativa, "porque", será feita no comentário.

158. PAGANINI, S. *Deuteronomio*, p. 422.

A – Dt 31,1-8: Moisés fala ao povo e a Josué.

  B – Dt 31,9-13: Moisés fala aos sacerdotes e anciãos.

    C – Dt 31,14-23: YHWH fala a Moisés sobre a sucessão e o cântico.

  B' – Dt 31,24-29: Moisés fala aos levitas.

A' – Dt 31,30: Moisés, tendo Josué ao seu lado, falou ao povo o cântico.

Dentro da lógica dessa unidade, o segundo discurso se refere a fala de Moisés aos sacerdotes e anciãos. Percebe-se que em Dt 31,9-13 uma sequência, também concêntrica, aparece nos vv. 9–10a:

A – "E escreveu Moisés esta Lei" (v. 9a).

  B – "e a deu aos sacerdotes, filhos de Levi" (v. 9b).

    C – "os que levam a arca da aliança de YHWH" (v. 9c).

  B' – "e [deu] a todos os anciãos de Israel" (v. 9d).

A' – "E ordenou-lhes Moisés" (v. 10a).

Entre A e A' encontram-se os destinatários que têm a ver tanto com a Lei escrita como com a ordem que recebem em função dela. Moisés escreve a Lei e ordena aos sacerdotes e anciãos, aos que tinham a obrigação de cuidar e zelar pela Lei e pela instrução do povo. Esses são os guardiões da Lei, responsáveis pela arca da aliança, pelo Livro da Lei e pelo seu ensinamento ao povo.

A seguir, nos vv. 10b–11e, encontra-se outra formulação concêntrica que diz respeito à primeira parte da ordem de Moisés:

A – "Dizendo" (v. 10b).

  B – "Ao final de sete anos, por ocasião do ano da remissão, na festa dos tabernáculos" (v. 10c).

    C – "quando for todo o Israel" (v. 11a).

      D – "para se apresentar diante de YHWH, teu Deus" (v. 11b).

    C' – "no lugar que (YHWH) escolherá" (v. 11c).

  B' – "proclamarás esta Lei diante de todo o Israel" (v. 11d).

A' – "aos ouvidos deles" (v. 11e).

A nova fala de Moisés é introduzida pelo narrador, "dizendo" (A), e tem um destino certo, "aos ouvidos deles" (A'). A seguir, está o quando (B) e o que deve ser feito na ocasião (B'). Israel, quando for (C), tem um destino certo (C'). Tudo gira em torno do motivo previsto na Lei (D).

Ao se analisar a segunda parte da ordem de Moisés, a sequência verbal permite perceber novo encadeamento concêntrico de ações. Moisés, primeiramente, relaciona todos os que deveriam estar presentes para escutar a leitura da Lei e, a seguir, enfatiza a Lei que deve ser observada através de expressões verbais às ações pertinentes.

A – "para que ouçam" (v. 12c).

B – "e para que aprendam" (v. 12d).

C – "e temam a YHWH, o vosso Deus" (v. 12e).

D – "e observem" (v. 12f).

E – "para cumprir todas as palavras desta Lei" (v. 12g).

D' – "e os filhos deles, que não conhecem, ouçam" (v. 13ab),

C' – "e aprendam a temer a YHWH, vosso Deus" (v. 13c).

B' – "todos os dias que vós vivereis sobre a terra" (v. 13d).

A' – "porque vós atravessareis o Jordão, para ali, tomar posse dela" (v. 13ef).

Através dessas estruturas, a fala de Moisés, isto é, a sua ordem, pode ser subdividida em duas partes. A primeira estabelece todos os pontos relativos ao tempo, a ocasião, ao tipo de festividade e a determinação do lugar que será escolhido por YHWH para se realizar tal evento. Já a segunda é introduzida com um imperativo e está relacionada com a convocação das pessoas que deverão estar presentes nesta solenidade para ouvir a leitura da Lei. Em seguida, Moisés fala com autoridade, usando uma série de verbos, exaltando a finalidade e a função da Lei: ensinar a nova geração, que nasceu no deserto, para que não se repita o erro de obstinação e desobediência cometidos por seus pais que foram libertos do Egito e selaram a aliança com YHWH no Horeb/Sinai.

Dentro dessa lógica estrutural, Dt 31,9-13 é descrito e apresentado pelos meios necessários para as futuras gerações (ouvir, aprender e cumprir as palavras contidas no Livro da Lei), uma vez que tomem posse da terra, para que observem a aliança que foi renovada na Terra de Moab (Dt 28,69–30,20)[159].

A dinâmica literária do Livro de Deuteronômio atesta o seu estilo enfático e retórico. Muitas frases se repetem: "Recorda que fostes escravo na terra do Egito"[160]; "sem te desviares para a direita ou para a esquerda"[161]; "tomar posse da terra"[162]; "YHWH, Deus dos teus/vossos pais"[163]; "terra onde mana leite e mel"[164]; "Todo Israel"[165]. Admite-se que: "o tom homilético é encontrado até mesmo no código legislativo (Dt 12–26*), em claro contraste com o estilo dos outros códigos hebraicos"[166].

---

159. "Esta primeira notícia da colocação por escrito da Torá é fundamental no contexto da hermenêutica jurídica do Deuteronômio" (PAGANINI, S. *Deuteronomio*, p. 422).

160. Dt 5,15; 10,19; 15,15; 16,12; 24,18.22.

161. Dt 2,27; 5,32; 17,11.20; 28,14.

162. Dt 2,31; 3,28; 4,1.5.14; 6,1; 9,5.23; 10,11; 11,11.29; 23,21.

163. Dt 1,11.21; 4,1; 12,1; 26,7; 27,3.

164. Dt 6,3; 11,9; 26,9.15; 27,3; 31,20.

165. Dt 1,1; 13,12; 18,6; 27,9; 31,1.7.11; 32,45; 34,12.

166. McKENZIE, J.L. Deuteronômio. In: *Dicionário Bíblico*, p. 233.

Certas ideias teológicas dominantes, como por exemplo, um único local de culto escolhido por YHWH[167]; ou ainda, a terra que YHWH, teu Deus, te dará como herança[168], são ideias frequentemente repetidas com uma finalidade pedagógica, a fim de que sejam fixadas, apreendidas e vividas. Estas são algumas características que envolvem a natureza didática deste livro. Apesar de bastante peculiar, o estilo retórico reflete certa influência profético-sacerdotal[169].

O arranjo estrutural concêntrico de Dt 31,9-13 oferece a pista para o tema discursivo que dá unidade à perícope: a proclamação da Lei a cada sete anos. A fala introdutória do narrador (vv. 9–10b) e a fala de Moisés, em tom exortativo, são as partes que compõem o texto. O objetivo é instruir os filhos de Israel nas leis de YHWH em função da conquista da terra e das bênçãos que fluirão em uma vida de paz e segurança, se essas leis forem devidamente cumpridas.

Considerando a fala do narrador como uma introdução ao discurso direto de Moisés (vv. 9-10b), ele descreve as ações correspondentes ao protagonista da fala, que: "escreveu esta Lei", "deu aos sacerdotes e anciãos" e "ordenou-lhes", o discurso de Moisés que tem como principais interlocutores os sacerdotes, filhos de Levi e os anciãos, cujo objeto principal é a Lei a ser comunicada.

Este discurso trata-se de uma extensa ordem que percorre todo o restante do texto e vai do v. 10c até o final do v. 13 que, por sua vez, pode ser seccionado em duas subpartes. A primeira subparte corresponde aos detalhes e determinações sobre a solenidade para a leitura da Lei. As informações são precisas quanto ao tempo, ao lugar e para quem. A fala de Moisés não deixa dúvidas. A segunda subparte corresponde à exigência de congregar o povo em sua totalidade, incluindo ainda o "teu estrangeiro". Para este grande evento existe clareza quanto à finalidade em função da vida na terra que está para ser conquistada além do Jordão.

Além disso, a pretensão didático-pedagógica é clara: informar para formar, a fim de evitar que os filhos, que nasceram no deserto, pereçam como seus pais que desobedeceram e morreram sem entrar na terra e receber a sua herança. Desta forma, a sucessão de verbos, na fala de Moisés, são ações pontuais e não deixam dúvidas quanto ao que se espera das lideranças e dos liderados que, juntos, formam a propriedade de YHWH: ouvir, aprender, temer,

---

167. Dt 12,5.11.14.18; 14,23.24.25; 15,20; 16,6.11.15.16; 17,8.10; 18,6; 31,11.

168. Dt 1,20.25; 2,29; 3,20; 4,40; 8,10; 11,17.31; 12,10; 15,4.7; 16,20; 17,14; 18,9; 19,2-3.10.14; 21,1; 24,4; 26,1; 27,2-3; 28,8.

169. "Tendências retóricas e preocupações com o culto e com a religião interior lembram as pregações dos sacerdotes levitas" (CHAMPLIN, R.N. *O Antigo Testamento interpretado*: Versículo por versículo, p. 5).

observar, conhecer e se comportar de acordo[170]. Pontos essenciais para que a geração entre e conquiste a terra, ensinando filhos e filhas a conhecerem e a cumprirem a vontade de YHWH.

O tom de Moisés não é de desespero, mas de despedida, pois a sua morte se aproxima[171]. Ele se vai, mas deixa a herança do Livro da Lei – "que ele mesmo mediou e escreveu" – aos cuidados dos que tinham plena condição de cumprir os desígnios de YHWH e ser exemplo para o povo: os filhos de Levi, sua tribo. Este livro seria para a nação de Israel uma forma de viver na amizade com YHWH e com os irmãos, mantendo a ordem e harmonia nos clãs e nas suas cidades[172].

Quanto à organização temporal, a combinação dos verbos sugere uma interessante dinâmica. As ações e relações entre as personagens estão organizadas através de movimentos. Os primeiros verbos mostram as ações de Moisés que, a seguir, são apresentadas proposições preposicionadas e dois verbos no infinitivo "quando for/para se apresentar" (לְרָאוֹת/בְּבוֹא), que indicam ações concomitantes à ação dos verbos ao qual estão ligados "escolherá/proclamarás" (יִבְחַר/תִּקְרָא). Estes verbos, que sucedem o infinitivo, estão no *yiqtol* e, traduzidos pelo futuro, deixam claro que são ações a serem cumpridas após a entrada e tomada de posse da terra.

Dt 31,9-13 está formulado predominantemente na terceira pessoa. Isto produz o efeito da objetividade: narra-se como teria acontecido. Percebe-se, nisso, a força do testemunho que marca a transmissão da mensagem[173].

Em síntese, Dt 31,9-13 pode ser estruturado em três momentos. O primeiro, v. 9, revela a ação de Moisés que fundamentará o que se segue. O segundo, estabelece todos os pontos relativos às determinações de YHWH em relação a Israel (vv. 10-11). O terceiro introduzido por um imperativo a um sujeito na segunda pessoa do singular tem a ver com a convocação das pessoas que deverão estar presentes nesta solenidade para escutar a leitura da Lei (v. 12ab). Moisés fala

---

170. Segundo FERNANDES, L.A.: "O conhecimento determina o comportamento" (FERNANDES, L.A.; GRENZER, M. Êxodo 15,22–18,27, p. 139).

171. "O primeiro dia do undécimo mês do ano 40 da saída do Egito (Dt 1,3) representa a moldura temporal que enquadra tudo o que é referido no livro e é testemunha, enfim, da morte do grande líder. Somando esse dia ao sucessivo mês de luto pela morte de Moisés (34,8) completam-se os quarenta anos da permanência de Israel no deserto (como decretado por Deus em Nm 14,33-34). Portanto, todo um livro bíblico é dedicado a guardar a memória de um único dia: o último, memorável dia da vida do grande personagem" (GALVAGNO, G.; GIUNTOLI, F. Pentateuco, p. 109).

172. "A Torá, então, não é um fardo legalista; pelo contrário, é um presente de Deus. Ele diz ao seu povo como viver, porque ele o ama e se importa com o que é melhor para ele, não porque queiras negar-lhes prazer" (VOGT, P.T. Interpretação do Pentateuco, p. 78).

173. ZABATIERO, J. Manual de exegese, p. 75-76.

com autoridade; a série de verbos exaltam a finalidade e a função da Lei: ensinar a nova geração que nasceu no deserto e que passará a viver na terra além do Jordão (vv. 12c–13f). Um "novo Israel", instruído e capacitado para viver na presença de YHWH que o libertou da casa da escravidão, manteve-o com vida no deserto e está para cumprir a promessa da entrada e da posse da terra.

A partir das considerações acima feitas, Dt 31,9-13 pode ser apresentado a partir de três ações: escrever, ambientar e congregar:

A. O Livro da Lei: escrito para ser transmitido (v. 9)

1. Moisés escreve o que YHWH ordena (v. 9a).
2. Entrega aos sacerdotes (v. 9bc).
3. E aos anciãos (v. 9d).

B. Moisés ambienta a execução da ordem (vv. 10-11)

1. A ordem é dada aos destinatários (v.10ab).
2. O tempo e ocasião para a leitura da Lei (v. 10c).
3. A escolha do lugar (v. 11abc).
4. A Lei deverá ser lida para todo o Israel (v. 11de).

C. Ordem abrangente dada por Moisés (vv. 12-13)

1. Congregar Israel com uma finalidade específica (v. 12ab).
2. Para ouvir a Lei e aprender a temer a YHWH (v. 12cde).
3. Para observar a Lei (v. 12f).
4. Para colocar em prática todas as palavras da Lei (v. 12g).
5. Para que as futuras gerações conheçam a Lei (v. 13abc).
6. Para praticar a Lei todos os dias da vida sobre a terra (v. 13d).
7. Para tomar posse da Terra Prometida (v. 13ef).

Por essa lógica, Dt 31,9-13 revela o teor jurídico-religioso pautado no Livro da Lei, cuja função pedagógica mira as futuras gerações, pois uma geração deve narrar para a outra os feitos de YHWH, a fim de conhecer e cumprir a sua vontade. Isto implica a formação integral de Israel. Homens e mulheres adultos devem garantir a educação das crianças. É preciso ouvir e assimilar, desde cedo, a Lei de YHWH para, ao assumi-la pessoalmente, cada indivíduo seja responsável por seus atos. Isto pode garantir a sua eficácia na vida de cada membro do povo.

2.4.2 Quanto ao gênero literário

No Livro de Deuteronômio se encontram três elementos fundamentais: leis, narrativas e exortações. As leis apelam ao bom senso e ao sentimento que questiona diretamente a consciência. As narrativas falam do passado, mas dirigem-se ao presente em vista de formar uma consciência histórica que constrói o futuro. As exortações se dirigem à liberdade e sugerem uma tomada de decisão imediata[174].

Dt 31,9-13 tem traços discursivos em tom persuasivo-exortativo. Isto corresponde à dinâmica do Livro de Deuteronômio: "uma lei pregada"[175]. A principal temática do livro é a Lei a ser conhecida e colocada em prática[176]. Dt 31,9-13, portanto, tem a ver com o corpo legislativo que se encontra em Dt 12–26*. A estratégia usada para inserir as leis em uma trama narrativa é um aspecto característico do Pentateuco e em especial do Livro de Deuteronômio[177].

Segundo essa percepção, em Dt 31,9-13 estão presentes a referência ao Livro da Lei, sob a narrativa e o discurso exortativo devidamente entrelaçados. Pode-se dizer que Dt 31,9-13 está formulado como um discurso parenético, pelo qual Moisés, em tom exortativo, discursou aos sacerdotes e aos anciãos. Aos responsáveis se entregou o Livro da Lei, a fim de que, pela instrução exercida com autoridade do líder, preocupem-se com o futuro de Israel. Essa preocupação revela, de certa forma, o vivo interesse de Moisés não ter agido em vão. Como um pai, Moisés não quer deixar seus filhos sem a sua bênção, isto é, a sua herança.

Dt 31,9-13 é um discurso normativo e, portanto, enquadra-se perfeitamente na dinâmica do Livro de Deuteronômio ("segunda Lei" / "cópia da Lei"), visto que a Lei já havia sido entregue e a aliança selada no Horeb/Sinai (Ex 19,1–Nm 10,10).

Dt 31,9-13 combina elementos narrativos, discursivos e exortativos, cuja preocupação é a recepção e a transmissão do Livro da Lei em função das bênçãos de YHWH. O clímax desse texto marca um momento especial: a entrega do Livro da Lei aos sacerdotes e anciãos. É o ponto alto da ajuda de Moisés ao "novo Israel". Seu ensino é registrado para não ser esquecido e negligenciado.

Se o estilo do Livro de Deuteronômio é exortativo, Dt 31,9-13 não foge à regra. De forma retórica, Moisés usa palavras destinadas a mover os seus interlocutores ao compromisso e obediência a YHWH. Todos os discursos de Moisés são uma tomada de decisão contra a idolatria, a injustiça, os privilégios, contra o agir

---

174. STORNIOLO, I. *Como ler o Livro do Deuteronômio*, p. 12.

175. LÓPEZ, F.G. *El Deuteronomio – una ley predicada*, p. 13.

176. "Para os israelitas da antiguidade, o Pentateuco inteiro – inclusive as seções de narrativas – era considerado 'instrução' ou 'ensino' de como viver uma vida agradável a Deus" (VOGT, P.T. *Interpretação do Pentateuco*, p. 26).

177. "A partir de uma perspectiva canônica a Torá é uma mescla de narrativa e lei; ambas percorrem juntas, formando uma 'unidade'" (LÓPEZ, F.G. *O Pentateuco*, p. 16). A lei é um dos gêneros mais importantes encontrados no Pentateuco e o segundo maior gênero é a narrativa, que é também o gênero literário mais comum em toda a Bíblia (VOGT, P.T. *Interpretação do Pentateuco*, p. 47).

em prol de seus próprios interesses, contra todo tipo de corrupção, enfim, contra toda forma de desobediência à vontade de YHWH[178].

Desta forma, Dt 31,9-13 atesta que a Lei escrita por Moisés é um documento capaz de conduzir Israel não apenas para a terra além do Jordão, mas, em particular, a uma vida de obediência e compromisso com seu Criador, Libertador e grande Pedagogo[179]. Dt 31,9-13 é um discurso narrativo em prosa com tom exortativo[180]. YHWH, através de Moisés, ordena a proclamação e o ensino da sua Lei aos que estão para entrar na terra e estes aos que nela nascerão. O presente fundamenta-se no passado e, por sua vez, tem o dever de garantir o futuro das novas gerações.

---

178. "Assim, embora Deuteronômio em sua presente forma seja uma peça literária, é importante manter em mente a autodescrição do livro como sendo um relato de palavras que foram faladas" (CRAIGIE, P.C. *Comentários do Antigo Testamento* – Deuteronômio, p. 17).

179. "Deuteronômio, como obra acabada, é um registro literário de uma fala proferida (ou série de discursos) que recebeu a forma de um documento pactual" (CRAIGIE, P.C. *Comentários do Antigo Testamento* – Deuteronômio, p. 18).

180. "No capítulo 31 encontramos o último discurso de Moisés em prosa, pois tanto o cântico de Dt 32 quanto as bênçãos em Dt 33 são textos poéticos e como tal se revestem de uma importância fundamental. As últimas palavras de Moisés ao povo de Israel proclamam a confiança na proximidade de YHWH e encorajando o povo a não temer" (PAGANINI, S. *Deuteronomio*, p. 425-426).

Capítulo 3 | Comentário de Dt 31,9-13

3.1 Seção A – O Livro da Lei: escrito para ser transmitido (v. 9)

3.1.1 Moisés escreve o que YHWH ordena (v. 9a)

E escreveu Moisés esta Lei   9a   וַיִּכְתֹּב מֹשֶׁה אֶת־הַתּוֹרָה הַזֹּאת

Dt 31,9 fala do livro escrito por Moisés e consignado aos sacerdotes, filhos de Levi, e aos anciãos. A existência do livro é proposta em várias passagens[181]; mas esta é, no Livro de Deuteronômio, a primeira afirmação explícita que Moisés devia escrever. Não implica que ele escreva só nesse momento, mas consente de atribuir ao escrito um significado particular. Escrever imita a ação de YHWH no Horeb (Dt 5,22; 10,4) e o livro se torna o instrumento que permite superar a ausência que a morte iminente de Moisés vai deixar para o povo[182]. Assim, a experiência do Horeb/Sinai é revivida por Moisés ao escrever o Livro da Lei, do mesmo modo como YHWH havia escrito os Dez Mandamentos sobre as duas placas de pedra (Dt 4,13; 5,22; 9,10; 10,2.4)[183].

Moisés escreve aquilo que terá um papel decisivo na vida de Israel (Dt 31,9-13; 24-27; 32,45-47)[184]. Na Lei estão contidas as diretrizes fundamentais pelas quais

---

181. Dt 17,18; 28,58.61; 29,19.20.26; 30,10; 31,24.26.

182. GRILLI, M.; PEREGO, G.; SERAFINI, F. *Deuteronomio*, p. 347.

183. WOODS. E.J. *Tyndale Old Testamenty Commentaries*, v. 5, p. 302.

184. "A palavra Torá, geralmente traduzida por 'lei', deriva da raiz יָעַר que significa 'ensinar' (1Rs 8,36) e pode também se verter por 'instrução'. Seja como for, tem o vocabulário hebraico muito maior extensão que a nossa palavra lei, pois não só abrange estatutos e mandamentos (Dt 4,1-2), como ainda de modo geral, toda a revelação divina. No presente caso refere-se aos códigos e, no Deuteronômio em geral, a toda ou parte da doutrina ensinada por Moisés. Neste livro, encontra-se apenas no singular, a provar que se trata de um todo único e não de uma simples coleção de leis" (MANLEY, G.T. *Novo comentário da Bíblia*, p. 9).

este povo será guiado, quando entrar e conquistar a Terra Prometida depois da morte de Moisés, sob a liderança de Josué[185].

Esta Lei escrita, necessariamente, não se refere a todo o Livro de Deuteronômio, mas, talvez, como uma referência a Dt 12–26*. Por meio dela, cogitou-se indicar que Moisés quis deixar um documento escrito capaz de formar as futuras gerações. O verbo "escreveu" (כָּתַב), atestado no AT, não tem sentido ambíguo[186]. No contexto da Torá, o Livro de Gênesis é o único livro que não apresenta alguma ocorrência.

A narrativa de Ex 2,5-10 permite-se pensar que Moisés fora educado em uma família egípcia – sabia ler e escrever – inclusive o seu nome é egípcio e significa "filho"[187]. Esta ligação especificamente afirmada de Moisés com a corte, mesmo que seja um adorno de saga, a tradição pôde insinuar a sua exposição vantajosa à cultura e ao saber egípcio, que proporcionaram a Moisés conhecimento e facilidade biculturais como egípcio e como israelita[188].

Não há como se afirmar, categoricamente, a autoria de Moisés de algumas partes do Livro de Deuteronômio. As referências contidas em Dt 31,9.22: "E escreveu Moisés esta Lei" / "E naquele mesmo dia Moisés escreveu este cântico", atestam um critério de autoridade[189]. Interessante notar que somente em Dt 31 se repete 4 vezes que Moisés escreveu a Lei (vv. 9.19.22.24).

Moisés escreve a Lei e isto traz uma nova posição para os israelitas, agora eles pertencem a um povo que tem as suas próprias Leis. Desta forma, Israel preparou-se para se tornar uma nação eleita por YHWH pelo dom da Lei e pela conquista de Canaã[190]. Deus o escolheu e, gradativamente, como um Pedagogo se deu a conhecer e se revelou através de seu servo Moisés e da Lei. O povo precisava ser instruído no conhecimento de YHWH, da sua verdade e do seu amor. Um amor gratuito, mas que espera em resposta o mínimo que se pode dar: a gratidão que se reveste na obediência[191].

---

185. LÓPEZ, F.G. O Pentateuco, p. 229.

186. Segundo HARRIS, R.L. (כָּתַב. In HARRIS, R.L.; ARCHER, G.L.; WALTKE, B.K. DITAT, p. 754-755): Algumas passagens atestam que Moisés escreveu em um rolo a maldição de Deus sobre os amalequitas (Ex 17,14), mas o próprio Deus escreveu os Dez Mandamentos (Ex 31,18). Também se diz especificamente que Moisés escreveu o Livro da aliança (Ex 24,4), a legislação do Sinai (Ex 34,27), os nomes dos líderes das tribos (Nm 17,2-3;17-18), o itinerário percorrido no deserto (Nm 33,2), as palavras da lei "num livro, até de todos acabar" (Dt 31,9.24.) e o último de seus cânticos (Dt 31,22.24).

187. FREUD, S. O homem Moisés e a religião monoteísta, p. 36-38.

188. GOTTWALD, N.K. Introdução socioliterária à Bíblia Hebraica, p. 190.

189. MANLEY, G.T. Novo comentário da Bíblia, p. 77.

190. SKA, J.L. O Antigo Testamento: Explicado aos que conhecem pouco, p. 54.

191. O relacionamento entre YHWH e o povo se estabelece mediante um ato prévio de YHWH: a eleição, que está primeiramente fundamentada no amor de YHWH (Dt 4,37) e está garantida pelo juramento

O sentido da futura esperança da revelação mosaica não é nada menos do que a presença de YHWH no meio de seu povo. Essa esperança de Israel tem o seu fundamento com as alianças do Senhor com Abraão e Israel. Moisés – o servo de YHWH, o intercessor, o mediador da aliança – é apontado, porém, para além de sua administração, para uma época de descanso (vida plena em YHWH).

Moisés falou sobre este direito e ordenou que todos os membros da comunidade da aliança ansiassem pelo descanso vindouro na celebração do sábado, – antecipação da alegria do céu, – o sinal da aliança (Ex 31,14-17) e da consagração de Israel a uma missão sagrada (Ex 31,13), a fim de serem abençoados com todos os dons de YHWH na criação (Dt 26,18.19; 28,3-14).

A vocação e o papel de Moisés foram fundamentais no que diz respeito ao cumprimento da promessa feita aos patriarcas. A sua missão não era um fim em si mesma, mas foi um largo passo para a conclusão da promessa que, primeiramente, foi feita por YHWH aos patriarcas, e agora, estende-se ao povo liberto que saiu do Egito com a finalidade de retornar à terra de seus pais: a terra da promessa[192].

Em síntese, Moisés havia sido informado que não iria entrar na Terra Prometida – ficou triste com a decisão de YHWH, mas acabou se conformando e aceitou –, toma conhecimento que seu sucessor será Josué e se incumbiu de deixar a Lei escrita. O ato de colocar por escrito a Lei da parte de Moisés corresponde também ao ato de instituir Josué como seu sucessor. A Lei escrita serviria como um elemento facilitador nas mãos de Josué. "Se este se tornou, do ponto de vista físico, o guia do povo, o Livro da Lei torna-se seu guia espiritual"[193].

As lendas judaicas dão conta de que Moisés preparou treze cópias da Lei, uma para cada uma das doze tribos, e outra para ser deixada na arca, como salvaguarda, e como medida de segurança caso houvesse alguma corrupção em outras cópias da Lei por parte de pessoas mau intencionadas (conforme se lê em Ebarim Rabba, séc. 9, fol. 244.2). Sempre havia ali uma edição original com o propósito de comparar as cópias, mantendo assim, a fidelidade ao original[194].

---

inquebrantável prestado diante dos pais (primeira geração). Assim, Israel vai receber sua herança – a terra – não pelas suas capacidades ou méritos, mas graças a promessa de YHWH (SCHMIDT, W.H. *Introdução ao Antigo Testamento*, p.134).

192. GARDNER, P. *Quem é quem na Bíblia Sagrada*, p. 466.

193. PAGANINI, S. *Deuteronomio*, p. 426.

194. CHAMPLIN, R.N. *O Antigo Testamento interpretado*: Versículo por versículo, p. 154.

3.1.2 Entrega aos sacerdotes (v. 9bc)

e a deu aos sacerdotes, filhos de Levi,   9b   וַיִּתְּנָהּ אֶל־הַכֹּהֲנִים בְּנֵי לֵוִי

Moisés deixou o Livro da Lei aos cuidados dos sacerdotes que eram encarregados de levar a arca da aliança. Ordenou-lhes que o colocassem junto à arca no Santo dos Santos, onde YHWH estava entronizado no propiciatório entre os querubins (Sl 80,1). Isto quer mostrar que YHWH governa o mundo por sua palavra e o povo de YHWH deve respeitar essa palavra e lhe obedecer sempre[195].

Foram os sacerdotes os escolhidos para a sublime missão e conforme as palavras do Profeta Jeremias se pode afirmar que: "A Torá não faltará ao sacerdote, nem o conselho ao sábio, nem a palavra ao profeta" (Jr 18,18), pois é YHWH quem está no controle de todas as coisas.

Três termos são utilizados no AT para se referir às figuras envolvidas no culto, o termo mais recorrente é "sacerdote" (כֹּהֵן). Com referência ao sacerdócio a raiz significa aquele que foi "estabelecido" diante de YHWH para o servir. Se estiver em conexão com o santuário a raiz indica que o sacerdote é aquele que foi instalado em função do santuário. Essa última compreensão parece encontrar algum respaldo na BH, uma vez que o "estabelecimento" de um santuário é muitas vezes indicado pela raiz כון, como em: Ex 15,17; Jz 16,26; Is 2,1[196].

No AT a raiz כהן como verbo ocorre várias vezes no *piel*, significando a atuação de um sacerdote (Ex 31,10; Os 4,6). Na forma do substantivo, também existem várias ocorrências, em particular no Livro de Levítico (Lv 1,12; 2,9; 4,20), descrevendo tanto os sacerdotes israelitas quanto os sacerdotes de outras divindades. 2Rs 10,19 cita os sacerdotes de Baal. A etimologia da palavra é incerta, pode ser: *kântt* do acádico, *kahhen* do siríaco, כּוּן do hebraico, com significado de "ser firme" (Dt 10,8). Na maioria das ocorrências כֹּהֵן é um membro de um grupo sacerdotal distinto, definido tanto pela genealogia quanto pela função[197].

Três funções sacerdotais são encontradas em textos antigos: O sacerdote é quem profere oráculos (Dt 33,7-11; Jz 18,5; 1Sm 14,41; 28,6); instrui na Lei (Dt 33,10); e oferece sacrifícios (Dt 33,10)[198]. Estas diferentes funções, ao que tudo indica, teriam um fundamento comum[199].

---

195. WIERSBE, W.W. *Comentário bíblico-expositivo*, p. 587.

196. SIQUEIRA, F.S. *Ml 2,1-9 e 2,17–3,5: Crise do Sacerdócio e Escatologia no séc. V a.C.*, p. 29.

197. JENSON, P. כֹּהֵן. *NDITEAT* [vol. 2], p. 599.

198. McKENZIE, J.L. Sacerdote. In: *Dicionário Bíblico*, p. 817.

199. Segundo DE VAUX, R. (*Instituições de Israel no Antigo Testamento*, p. 395): "Quando o sacerdote entrega um oráculo, ele comunica uma resposta de YHWH; quando ele dá uma instrução (Torá), ele transmite

Em um certo sentido, todo Israel era sacerdote de YHWH: Vós sereis para mim um reino de sacerdotes, uma nação santa (Ex 19,6). Mas, no Horeb/Sinai, ele limitou o sacerdócio legítimo à família de Arão, da tribo de Levi (Ex 28,1; 40,12-15; Nm 16,17; 17,8). Arão carregava o nome das 12 tribos escritas em suas vestes litúrgicas (Ex 28,12.21.29) de modo a apresentá-las diante de YHWH quando fosse ministrar a propiciação[200].

Sendo assim, pode-se dizer que os sacerdotes são os representantes de YHWH junto ao povo no que diz respeito a entrega de um oráculo e ao ensino da Lei. Mas também, são representantes do povo junto a YHWH no que concerne à realização do culto, através dos sacrifícios e oblações a YHWH pelo perdão dos pecados[201].

Entre estas funções sacerdotais está o ministério de ensino, por isso Moisés deixa a Lei sob a responsabilidade dos sacerdotes, pois a Lei precisava ser lida e explicada. Naquela época, pouquíssimas pessoas sabiam ler e escrever, daí a necessidade das leituras públicas. Sabe-se que eram eles, os sacerdotes, descendentes da tribo de Levi, que transportavam a arca de um lugar para outro no deserto, que assumiram o ensino da Lei, pois eram qualificados para esta função[202].

Portanto, pode-se dizer que "a Torá pertence ao sacerdote, como o julgamento ao rei, o conselho ao sábio, a visão ou a palavra ao profeta"[203]. Esta Lei, que é confiada por YHWH aos sacerdotes (Dt 31,9.26), está relatada também em Dt 33,10, em que se enfatiza que a Lei de YHWH é ensinada a Israel.

No v. 9b encontra-se o substantivo plural construto בְּנֵי, "filhos de", acrescido do nome próprio "Levi" (לֵוִי)[204]. Filho, primeiramente, significa o descendente por geração em primeiro grau, como: filho, sucessor, herdeiro; mas pode designar

---

e interpreta um ensinamento que vem de YHWH; quando ele leva sobre o altar o sangue e a carne das vítimas e quando aí queima o incenso, ele apresenta a YHWH as orações e os pedidos dos fiéis".

200. PAYNE, J.B. כֹּהֵן. In: HARRIS, R.L.; ARCHER, G.L.; WALTKE, B.K. *DITAT*, p. 705.

201. Segundo FREITAS, T. (*Análise exegética de Nm 18,1-7*, p. 42): "No Livro de Deuteronômio, claramente, todos os sacerdotes são levitas, mas às vezes pode haver certa confusão, levando o leitor a concluir que todos os levitas são sacerdotes (Dt 17,9.18; 18,1; 21,5). Contudo, há a distinção latente que demonstra que nem todos os levitas são sacerdotes (Dt 18,1.4.7). Distinção essa que fica explícita no Livro do Profeta Ezequiel (Ez 44,6-31)".

202. CHAMPLIN, R.N, *O Antigo Testamento interpretado*: Versículo por versículo, p. 154.

203. DE VAUX. R. *Instituições de Israel no Antigo Testamento*, p. 392.

204. Para SIQUEIRA, F.S. (*Ml 2,1-9 e 2,17–3,5: Crise do sacerdócio e escatologia no séc. V a.C.*, p. 30): "O uso do termo לֵוִי é muito amplo na BH: é o nome de um dos filhos de Jacó (Gn 29,34); designa, também, uma das doze tribos (Dt 18,1); aparece ligado a outros termos, gerando expressões como 'sacerdotes levitas' (Ez 43,19), 'filhos de Levi' (Gn 46,11; Ex 32,28; Ez 40,46; Ml 3,3)".

também outros parentescos, como: primo, tio, neto etc. Se for estendido a outras gerações significa: descendente, sucessor da linhagem[205].

Era costume entre o povo hebreu chamar uma pessoa de filho daquilo que, de um modo geral, a caracterizava, de modo que ao nascido em Madiã se chamava "filho de Madiã" (Gn 25,4); aos que eram perversos se chamavam "filhos da perversidade" (Os 10,9); em Ez 3,11 se encontra a expressão "filhos do teu povo"; em Is 54,1 tem-se "filhos da mulher solitária" e "filhos da casada"[206].

No período da peregrinação no deserto, YHWH escolheu Aarão como sumo sacerdote, seus filhos como sacerdotes e toda tribo de Levi ficou encarregada de ajudá-los nos serviços do tabernáculo e auxiliá-los no ofício do culto[207]. Tribo esta que seria mantida pelas demais tribos em termos materiais, pois seu ofício era exclusivamente cuidar das coisas de YHWH. Em Dt 18,1-8, novamente, vê-se o cuidado de YHWH com os sacerdotes e levitas. Uma vez que eles não receberam herança/território para sua tribo, o povo devia-lhes sustentar[208]. Como relata o texto citado acima e especificamente o v. 2, "os rudimentos ou herança e direitos dos sacerdotes e levitas, sublinhando que 'YHWH é a herança deles'"[209]. Por isso não receberam terra em Canaã. Os sacerdotes são chamados de "filhos de Levi" (בְּנֵי לֵוִי), como em Dt 21,5; 31,9; Ez 40,46; Ml 3,3[210].

O propósito divino de que Israel fosse uma nação santa, para comunicar ao mundo a vontade de YHWH reunir todas as nações em torno de si, requeria uma adoração sistemática, um rito organizado. Para isso, YHWH convoca Aarão para servir como sumo sacerdote. Os sacerdotes ofereciam os sacrifícios e lideravam o povo na expiação pelo pecado (Ex 28,1-43; Lv 16,1-34). Na qualidade de guardiões da Lei, eles também eram os mestres da Lei.

Todavia, segundo o relato bíblico, até o momento do recebimento da Lei e da construção do tabernáculo, os israelitas nada mais eram do que um agrupamento de clãs. A partir de então, passaram a se organizar como tribos ao redor do tabernáculo, sem uma centralização política, mas como uma espécie de con-

---

205. ALONSO-SCHÖKEL, L. בֵּן. In: *Dicionário bíblico Hebraico-Português*, p. 106.

206. Segundo LUND. E.; NELSON, P.C. (*Hermenêutica*, p. 26): tem-se também alguns exemplos do NT: ao pacífico se chamava "filho da paz" (Lc 10,5-6); ao iluminado e entendido, "filho da luz" (1Ts 5,5).

207. "O serviço levítico está mais relacionado ao trabalho físico dentro da tenda, não podendo se aproximar do que era a função exclusiva dos sacerdotes" (FREITAS, T. *Análise exegética de Nm 18,1-7*, p. 122).

208. MACDONALD, W. *Comentário bíblico del Antiguo Testamento*, p. 24.

209. BENTHO, E.C.; PLÁCIDO, R.L. *Introdução ao estudo do Antigo Testamento*, p. 155.

210. De acordo com CARAGOUNIS, C.C. (בֵּן. *NDITEAT*, [vol. 1], p. 649-650): "O substantivo 'filho' (בֵּן) aparece no AT cerca de 4.850 vezes. O termo tem vários sentidos: o significado mais comum é filho gerado por um pai (Gn 4,1.25; 21,2), embora a designação possa ser estendida a outros que não eram filhos biológicos. Ter muitos filhos era uma bênção especial de YHWH (Dt 28,4-11; 1Cr 28,5; Sl 127,3-5)".

federação que tinha como vínculo a fé em YHWH. Uma das determinações de YHWH foi a distribuição das tribos ao redor do tabernáculo durante o tempo que vivessem no deserto até que se estabelecessem na Terra de Canaã (Nm 2)[211].

Desta forma, dos sacerdotes requeria-se que vivessem santamente: "Depois disse o Senhor a Moisés: fala aos sacerdotes, filhos de Arão, e dize-lhes: 'O sacerdote não se contaminará'" (Lv 21,1; 22,10). Eles tinham vestimentas especiais (Ex 28,40-43; 39,27-29), como também o sumo sacerdote (Ex 28,4-39). Os sacerdotes e o sumo sacerdote tiveram uma bela cerimônia de consagração (Ex 29,1-37; 40,12-15; Lv 8,1-36)[212].

Do sumo sacerdote era exigida a máxima santidade; depois, com menor observância de detalhes, dos sacerdotes, porque estavam em contato com o altar. Os levitas ocupavam uma posição intermediária; seu ofício era o de cuidar do tabernáculo (vigiá-lo a fim de evitar profanação) e estar ao serviço do povo[213].

Ainda no v. 9b se pode atentar para a presença do verbo נָתַן, muitíssimo usado no AT. Importante ressaltar que enquanto כָּתַב tem somente um sentido, "escreveu" (v. 9a), o verbo נָתַן expressa muitos significados (v. 9b)[214]. Mas o contexto da perícope absorve plenamente o seu uso mais simples, "dar", que se refere a entrega da Lei àqueles que serão os responsáveis por cuidar e transmitir os ensinamentos de YHWH: os sacerdotes, filhos de Levi.

Aos sacerdotes é confiada a guarda do livro e a leitura da Lei a todo o Israel[215]. Os levitas tinham a responsabilidade e o dever de cuidar da Lei escrita (do livro). Deveriam guardá-lo com cuidadosa vigilância, como se se tratasse de um tesouro precioso. Deveria ficar junto com a arca da aliança, pois ali estavam as tábuas/pedras da Lei[216]. Portanto, na arca da aliança estava a primeira legislação – o decálogo – e, também, a reformulação da Lei – o livro.

os que levam a arca da aliança de YHWH   9c   הַנֹּשְׂאִים אֶת־אֲרוֹן בְּרִית יְהוָה

---

211. REINKE, A.D. *Atlas bíblico ilustrado*, p. 34.

212. PAGANELLI, M. *Introdução ao estudo da tipologia bíblica*, p. 85-L.

213. SIQUEIRA, F.S. *Ml 2,1-9 e 2,17–3,5: Crise do sacerdócio e escatologia no séc. V a.C.*, p. 74.

214. "O verbo נָתַן é um dos verbos mais usados no AT, cerca de 2000 vezes (a maioria delas no grau *qal*), não é de surpreender que se encontre nas traduções uma grande variedade de sentidos. Além de seu sentido básico e mais frequente de 'dar', podem-se citar 'presentear', 'permitir', 'oferecer', 'empregar', 'transmitir', 'pôr', 'estabelecer', 'tomar'. Os três amplos campos semânticos do verbo נָתַן são: 1) 'dar'; 2) 'pôr' ou 'colocar' e 3) 'fazer' ou 'constituir'. As demais palavras empregadas nas traduções são extensões ou variações destas" (FISHER, M.C. נָתַן. In: HARRIS, R.L.; ARCHER, G.L.; WALTKE, B.K. *DITAT*, p. 1.017-1.018).

215. MANLEY, G.T. *Novo comentário da Bíblia*, p. 77.

216. MACDONALD, W. *Comentário bíblico del Antiguo Testamento*, p. 35.

Em Dt 31,9c aparece um particípio masculino plural: "os que levam" (הַנֹּשְׂאִים)[217]. Levar a arca era uma das funções dos sacerdotes. Como peregrinos no deserto, precisavam transportar a arca todas as vezes que YHWH se manifestava, indicando que era hora de levantar o acampamento e sair em peregrinação. Esses sacerdotes, filhos de Levi, eram chamados também de sacerdotes itinerantes[218].

No mesmo segmento 9c se tem o objeto direto do verbo "levar" (נָשָׂא): "a arca da aliança de YHWH" (אֶת־אֲרוֹן בְּרִית יְהוָה). A arca da aliança era, então, o principal símbolo do acordo entre YHWH e Israel, pois ali estava guardada a Lei, que representava o compromisso entre YHWH e Israel.

O substantivo masculino "arca" (אֲרוֹן) é muito presente no AT (193 vezes). Aceita-se que seja derivado da raiz ארן[219]. O substantivo designa uma caixa usada para diversos fins. Os restos mortais de José foram colocados em um caixão no Egito para o seu futuro sepultamento na Palestina (Gn 50,26). O substantivo אֲרוֹן é mais frequentemente usado para se referir à arca da aliança, que foi feita para guardar as placas de pedras da Lei. A embarcação feita por Noé é designada pelo hebraico תֵּבָה[220] que pode ser traduzido também por arca.

Como se vê no hebraico há um termo próprio para se referir à arca sagrada, aquela que foi feita mediante as determinações de YHWH, para guardar os primeiros registros da Lei, que foram escritos pelo próprio YHWH e, posteriormente, também o livro escrito por Moisés. No Livro de Êxodo está escrito que Bezabel fez a arca da aliança de madeira de acácia (Ex 37,1)[221].

---

217. "O grau *qal* do verbo נָשָׂא 'ele levou' é empregado quase 600 vezes com basicamente três sentidos distintos: 1) erguer; 2) suportar, carregar; 3) tomar, levar embora. A raiz aparece em ugarítico como *nš*': 'erguer', 'levantar', e em acadiano como *našû*. Existem outras 60 ocorrências nos graus *niphal*, *piel* e *hitphael*. Há apenas duas ocorrências no *hiphil* (Lv 22,16 e 2Sm 17,13). O total de usos do verbo em todos os graus é 655" (KAISER, W.C. נָשָׂא. In: HARRIS, R.L.; ARCHER, G.L.; WALTKE, B.K. *DITAT*, p. 1.003).

218. "O Deuteronômio representa uma vasta coleção das pregações desses levitas itinerantes, que se apresentavam como pregadores com a missão de ensinar a lei (Dt 31,9-13), explicando-a, aprofundando-a e aplicando-a às situações concretas do povo. Como vemos, o Deuteronômio é o resultado de um 'esforço pastoral' dos levitas itinerantes, que procuravam tornar concreta na vida prática a aliança que era renovada nos santuários, por ocasião das festas" (STORNIOLO, I. *Como ler o Livro do Deuteronômio*, p. 25).

219. LEWIS, J.P. אֲרוֹן. In: HARRIS, R.L.; ARCHER, G.L.; WALTKE, B.K. *DITAT*, p. 123.

220. "O substantivo תֵּבָה, que também foi traduzido por arca em português, não deve ser confundido com אֲרוֹן, que significa arca da aliança. No AT תֵּבָה refere-se à embarcação de Noé, aparece 28 vezes com este sentido, mas em outras duas vezes se refere à pequena embarcação que a mãe de Moisés confeccionou para que ele navegasse pelo Nilo, na esperança de salvá-lo da ordem do Faraó a fim de que todo menino recém-nascido fosse afogado nas águas desse rio (Ex 2,3.5). Infelizmente, esse termo sempre foi traduzido da mesma forma que אֲרוֹן. Em decorrência disso, a palavra 'arca' é ambígua, pois תֵּבָה é um meio de transporte aquático, enquanto אֲרוֹן é uma caixa" (HAGUE, S.T. תֵּבָה. *NDITEAT*, [vol. 4], p. 268).

221. LEWIS, J.P. אֲרוֹן. In: HARRIS, R.L.; ARCHER, G.L.; WALTKE, B.K. *DITAT*, p. 123.

Em Dt 31,24-27 se diz que o Livro da Lei está em conexão com a arca em que, de acordo com Dt 10,1-8, as placas de pedras do decálogo estão guardadas. Essas instruções estão relacionadas com Dt 31,9-13[222].

Os dois textos se relacionam Dt 31,24-27 e Dt 31,9-13. O primeiro fala: "Agora tendo acabado de ler integralmente as palavras do livro (v. 24), dá ordem para que o livro seja colocado ao lado da arca da aliança de YHWH" (v. 26). O segundo diz que "Moisés escreveu a Lei e deu aos sacerdotes, filhos de Levi, e aos anciãos de Israel" (v. 9). Neste, não aparece a indicação de colocar o livro junto da arca[223].

Paralelamente à Lei está o cântico de Moisés, que foi escrito por ordem de YHWH (Dt 31,19), para advertir sobre o grande risco que corriam em função de não observarem a Lei. O cântico, também, servirá de testemunho a favor de YHWH, caso Israel seja seduzido e se desvie pela idolatria[224].

Receber a palavra e lhe obedecer é participar intimamente da vida de YHWH. Porque não é uma palavra inútil para vós, porque ela é a vossa vida, e é por esta palavra que prolongareis vossos dias sobre o solo do qual ides tomar posse, ao atravessar o Jordão (Dt 32,47)[225].

A arca da aliança é o objeto que mais frequentemente é aludido na Sagrada Escritura, e está repleta de ensinamentos nos vários fatos ocorridos em sua trajetória acompanhando o povo de Israel. À medida que se vai observando essa trajetória, através do deserto e do Jordão, até sua chegada em Gilgal, ao redor das muralhas de Jericó até Siló; depois até à terra dos filisteus, e de volta através de Bet-Sames, Quireat-Jearim, e a casa de Obed-Edom, até finalmente repousar no seu lugar na tenda em Jerusalém e no Templo de Salomão. Pode-se, então, notar um paralelismo entre a história de Israel e a história da arca[226].

No percurso da história de Israel, Salomão constrói um Templo em honra ao nome do Senhor e introduz nele a arca, pois nela estavam os símbolos da aliança entre YHWH e Israel. Isto para fazer lembrar que YHWH sempre guarda as suas alianças (2Cr 6,10-11.14). Israel podia falhar, mas YHWH nunca falharia.

A arca era um objeto sagrado, e como tal, não podia ser profanado, YHWH havia proibido que entrassem no Santo dos Santos ou que contemplassem a arca (Nm 4,20). Ela nunca ficou exposta aos olhares do povo, pois mesmo quando era

---

222. BARTON, J.; MUDDIMAN, J. *The Oxford Commentary*, p. 154.

223. BENTHO, E.C.; PLÁCIDO, R L. *Introdução ao estudo do Antigo Testamento*, p. 162.

224. BLENKINSOPP, J. Deuteronômio. In: BROWN, R.E.; FITZMYER, J.A.; MURPHY, R.E. *Novo comentário bíblico São Jerônimo*: Antigo Testamento, p. 248.

225. WIERSBE, W.W. *Comentário bíblico-expositivo*, p. 591-592.

226. HABERSHON, A.R. *Manual de tipologia bíblica*, p. 61.

transportada de um lugar para outro, tinha-se o cuidado de cobri-la. Quando o tabernáculo estava para ser removido – pois iam levantar acampamento de um local para outro – o véu era descido sobre a arca, a fim de que ninguém a contemplasse.

Sendo símbolo da presença de YHWH, ela tinha um poder formidável. No episódio em que os homens de Bet-Sames foram feridos por olharem para dentro dela, pois foram demasiadamente curiosos, demonstra a soberania do Deus de Israel (1Sm 6,19). Oza morre por tê-la tocado (2Sm 6,6-7). Essa era a pena imposta ao que se aproximasse dela de forma indevida[227]. Nem os levitas podiam tocar na arca, para isso eles usavam duas varas, que eram colocadas uma de cada lado da arca, em posição horizontal (Ex 25,14-15; 1Rs 8,8) e só se aproximavam dela quando já tinha sido totalmente coberta pelos sacerdotes (Nm 4,5.15)[228].

Fato semelhante ocorreu com Moisés, mas este age de maneira diferente, pois seguiu as instruções de YHWH. Na passagem da sarça ardente Moisés se aproxima para ver o "por quê" a sarça não se consumia; é nesse momento que YHWH diz: Não se aproxime. Tire as sandálias dos pés, pois o lugar em que você está é terra santa (Ex 3,3-5). Nada aconteceu com Moisés, pois fez como YHWH ordenara[229].

Ainda em Dt 31,9c, explorando o tema da aliança estabelecida unicamente pela vontade de YHWH, pode-se dizer que a aliança com Israel tem a ver com a aliança feita com Abraão (Gn 15,9-11) e por outro lado uma obrigação que YHWH impõe ao povo que ficará sob a sua proteção[230]. Em ambos os casos é o próprio YHWH quem faz e estabelece a relação (Gn 17,2.10.13-14; Ex 34,10.27)[231].

Estas são as fórmulas da aliança: Que ele se torna Deus para ti (Dt 26,17) e que tu te tornas seu povo-propriedade (Dt 26,18), no contexto geral, isso aparece como uma declaração expressa de Israel que assumirá a prometida posição especial como povo-propriedade de YHWH e como povo santo (Dt 26,19) e corresponderá a ela mediante a observância da Torá[232].

O Livro de Deuteronômio faz alusão ao tema da aliança cerca de 27 vezes tamanha é sua importância na história de Israel. Enquanto o substantivo בְּרִית pode significar um contrato baseado em condições, pode também, empregar-se no sentido de um parentesco adquirido entre duas partes. Este pode ser de fra-

---

227. Ex 28,43; 30,20; Lv 10,6.9; 16,2.13; 22,9; Nm 4,15.19.20; 17,28; 18,3.22.

228. DE VAUX, R. *Instituições de Israel no Antigo Testamento*, p. 337.

229. "Decerto esse mistério muito maior deve ser tratado por cada um com reverência ainda mais profunda" (HABERSHON, A.R. *Manual de tipologia bíblica*, p. 61-68).

230. Ex 19,5; 24,7; Js 24,25; 2Rs 23,3.

231. SCHMIDT, W.H. *A fé do Antigo Testamento*, p. 185-186.

232. RENDTORFF, R. A *"Fórmula da Aliança"*, p. 34.

ternidade, como entre Davi e Jônatas (1Sm 18,33), ou de soberania, como entre Davi e Israel, ou de pura graça, como na aliança de YHWH com Noé (Gn 9,9). Também na aliança do Horeb/Sinai YHWH, por pura graça, tomou Israel para seu povo, que por sua vez, tomou YHWH como seu Deus (Ex 19,5.8). Então receberam a Lei, os Dez Mandamentos (Ex 34,28; Dt 9,9), juntamente com os estatutos e juízos, o qual deveriam obedecer em virtude da aliança já feita[233].

Como se vê a aliança simboliza o compromisso de YHWH – no contexto em que ele revela a si próprio – mediante seu servo Moisés, em prol da relação que assume com o povo eleito. A aliança vai, assim, marcar toda a história e existência de Israel, já que implica, diretamente, a obediência à Lei de YHWH[234].

Sendo assim, a autorrevelação divina acontece mediante a manifestação dos seus atributos e do seu caráter. Ele é um Deus gracioso que faz promessas incondicionais aos pais e a Israel[235] e que continua oferecendo bênçãos ao seu povo no presente e no futuro[236].

Um termo determinante no caráter de YHWH é o substantivo "graça" (חֶסֶד), pois apesar de YHWH estar na posição de Senhor e Israel na posição de servo, YHWH diante da aliança age graciosamente, e assim, obriga-se aos seus escolhidos (Dt 5,10; 7,9.12; 33,8). Isto, simplesmente, porque quis que Israel fosse seu povo, e sobretudo, porque amou esse povo mesmo antes de ser amado por Ele[237].

O primeiro mandamento do decálogo determina a relação entre YHWH e o povo, mas não faz nenhuma afirmação direta sobre o próprio YHWH. É em Dt 6,4, que se vai encontrar a possibilidade de entender o relacionamento nesse sentido: "YHWH é o único Deus". Também os textos de Zc 14,9 e Ml 2,10 apontam para essa visão. No AT, o Livro de Deuteronômio, em particular, enuncia o ser de YHWH (Dt 4,35.39; 6,4; 7,9)[238].

Aos poucos Israel vai conhecendo o seu Deus, pois YHWH atua na história como único e verdadeiro Deus, e vai conduzi-lo, dando todas as condições para permanecerem na sua companhia e amizade. Portanto, YHWH cuida do destino de Israel e, também, de todos os povos do mundo inteiro (Os 12,10; 13,4; Is 45,5)[239].

---

233. MANLEY, G.T. *Novo comentário da Bíblia*, p. 22.

234. GALVAGNO, G.; GIUNTOLI, F. *Pentateuco*, p. 298.

235. Dt 1,8.11; 3,18.20-21; 4,31; 6,10; 7,8; 9,5.27-28; 10,15; 11,9.21; 28,9; 29,13.

236. Dt 1,10.20.21.25.35; 2,7; 7,13-16; 8,10.18; 10,22; 11,14-17; 12,1.21; 14,24.29.

237. ZUCK, R.B. *Teologia do Antigo Testamento*, p. 82.

238. SCHMIDT, W.H. *Introdução ao Antigo Testamento*, p. 132.

239. FERNANDES, L.A. *O êxodo da casa do sogro é prenúncio do êxodo do país opressor* (Ex 4,19-23), p. 133-134.

A obrigação com a aliança impõe para os israelitas a obediência total a YHWH. A presença do tema da obediência nos textos sobre o amor inexplicável de YHWH é relevante para com Israel. Tudo parte de YHWH, é ele quem escuta o clamor do povo (Ex 3,9) e introduz Moisés como libertador (Ex 3,10). É o seu primeiro ato de amor dentro do contexto da escravidão do Egito. Ato este que é realizado por um Deus soberano, que apesar disso, age literalmente através da graça. Um ato gratuito, que demonstra o quanto YHWH é bom. É através dessa graciosidade e generosidade que YHWH: liberta, cuida e ainda tem uma aliança a propor e uma herança a ofertar. A única coisa que YHWH espera da parte de Israel, é que ele o adore como único Deus[240].

Importante perceber que o Livro de Deuteronômio enfatiza que a lealdade a YHWH é a essência da verdadeira espiritualidade. Este princípio não permite acordo com nada que seja contrário a YHWH e exige separação de todas as relações e práticas ilegítimas[241].

YHWH sempre intervém a favor do seu povo, isso mostra que ele é um benfeitor, um protetor. Todo esse cuidado evidencia-se através da sua graça, que é pura gratuidade. Ele cumpriu sua promessa, multiplicando-lhes os habitantes (Dt 1,10; 10,22) e concedendo-lhes prosperidade física e material (Dt 32,15-18). Estas foram as bênçãos concedidas por YHWH.

Dentro dos acordos de vassalagem se têm compromissos a serem cumpridos, mas também benefícios grandiosos, ainda mais se tratando de uma aliança com YHWH[242].

Os tratados do AOP revestem-se de suma importância, visto que eles esclarecem as alianças e tratados encontrados nas Escrituras Veterotestamentárias. Encontra-se entre os hititas e, também, entre outros povos a forma de tratados de suserania, em que o tratado era firmado entre um soberano (suserano) e um vassalo (súdito). Isso era elaborado pelo poder superior e imposto ao inferior[243].

A Lei que YHWH entregou a Moisés não foi o único código legal a sobreviver no AOP. Vários outros são dignos de nota: as 60 leis da cidade-estado de *Eshnunna*, na região central da Mesopotâmia, datadas de cerca de 1800 a.C.; o famoso código de Hammurabi (com cerca de 282 leis), rei da Babilônia (1792-1750 a.C.), gravadas em uma estela de basalto polido com 2,7m de altura, levada como despojo a Susa, no sudoeste do Irã, e hoje faz parte do acervo do museu do

---

240. BRUEGGEMANN, W. *Teologia do Antigo Testamento*, p. 552.

241. LIVINGSTON, G.H. *Comentário bíblico Beacon*, p. 413.

242. ZUCK, R.B. *Teologia do Antigo Testamento*, p. 78.

243. DOCKERY, D.S. *Manual bíblico vida nova*, p. 181.

Louvre, em Paris; as 200 leis hititas, datadas de cerca de 1600 a.C.; as 128 leis da Média Assíria, datadas do reinado de Tiglate-Pileser I (1115-1077 a.C.)[244].

As leis de *Eshnunna* e Hammurabi[245] e as leis de Moisés podem sugerir uma interrelação. As semelhanças encontradas entre os códigos legais refletem um conjunto comum de valores presentes na cultura do AOP nesse período. Há uma semelhança no que diz respeito à sequência das leis entre os códigos mencionados acima e as leis de Moisés: com cerca de 138 prescrições nos livros de Êxodo e Levítico, e 101 prescrições no Livro de Deuteronômio[246].

Uma aliança requer um contrato escrito[247], e Moisés o redige como testemunho de um compromisso comunitário e oficial. Este "contrato" foi redigido da mesma forma como funcionavam os contratos de vassalagem daquela época. E é nessa estrutura de documento da aliança que estão as bases para a composição de toda Torá[248].

O código de Hammurabi não se apresenta como o único do AOP que tenha demonstrado exercer uma particular influência na legislação bíblica[249]. Acredita-se que também houve influência hitita no modo como realizavam os pactos.

A seguir, apresentam-se dois exemplos comparados: No primeiro, encontra-se a estrutura do Pacto de vassalagem hitita com o Pacto Sinaítico. No segundo, a formulação do tratado Hitita e os prováveis paralelos no Livro de Deuteronômio.

Observando as tabelas, não é difícil identificar a mesma estrutura fundamental do Pacto Sinaítico do Livro de Êxodo e do Livro de Deuteronômio com os Tratados Hititas, provavelmente, foram influenciados pelos códigos de vassalagem do AOP[250].

---

244. LAWRENCE, P. *Atlas histórico e geográfico da Bíblia*, p. 38-39.

245. Segundo MENEZES, V.M. (*Código Hammurabi e a Lei de Moisés*, p. 36): O Código de Hammurabi foi encontrado em 1901 (XVIII a.C.). Existem outros códigos ainda mais antigos, como: um código sumérico que é aproximadamente dois séculos mais antigo do que o de Hammurabi, um outro babilônico mais velho ainda e, se tem também, o Código Hitita (XIV a.C.).

246. LAWRENCE, P. *Atlas histórico e geográfico da Bíblia*, p. 39.

247. As pesquisas modernas demonstraram que no âmbito da Ásia Menor até o Egito, do século XIV até o século VIII a.C., existia um gênero especial de pacto com uma formulação semelhante ao documento da aliança, os chamados: "tratados de vassalagem". Trata-se de acordos entre um Senhor e os povos por ele subjugados (McCARTHY, M.S. *Per uma Teologia del Pacto nell'AT*, p. 134-137).

248. MANNUCCI, V. *Bíblia, palavra de Deus*, p. 77.

249. GALVAGNO, G.; GIUNTOLI, F. *Pentateuco*, p. 227.

250. Houve tentativas de fazer um código de leis unificado na Mesopotâmia, em cidades como *Lagash, Ur* e *Eshnunna*. A mais famosa tentativa foi do Rei Hammurabi (c. 1810–1750 a.C.). Hammurabi procurou reformar e unificar as leis em seu reino. Essas leis estão esculpidas em uma estela de rocha negra (REINKE, A.D. *Os outros da Bíblia*, p. 48).

Estrutura do Pacto de vassalagem Hitita e do Pacto Sinaítico[251].

Pacto de Vassalagem Hitita	Pacto Sinaítico do Livro de Êxodo
Preâmbulo (nomes e títulos do Rei).	Preâmbulo (Ex 20,2).
Prólogo histórico (os benefícios do Rei com relação ao vassalo).	Prólogo histórico (Ex 20,2).
Obrigações impostas ao vassalo.	Obrigações / Decálogo (Ex 20,3-17).
Cláusulas referentes à conservação do documento escrito do pacto e a sua periódica leitura pública.	O documento escrito do pacto (Ex 24,3-7) e a sua releitura (Dt 31,9-13.24-28).
Invocação dos deuses como testemunhas.	O sacrifício que sela a aliança (Ex 24,8). O esquema é ainda mais evidente na renovação da Aliança em Siquém (Js 24).
Bênçãos e maldições ligadas à observância ou à infração do pacto.	(Sem Paralelo).

Estrutura do Tratado Hitita comparado a Lei de Deuteronômio[252].

Forma do Tratado Hitita	Paralelo no Livro de Deuteronômio
Preâmbulo: Identifica as partes do tratado.	Dt 1,1-5
Prólogo Histórico: Recapitula os acontecimentos que levaram ao tratado.	Dt 1,6–3,29
Estipulações Gerais: Estabelece o conteúdo do relacionamento futuro e resume o propósito das estipulações específicas.	Dt 4–11 Esta é uma longa exortação de Moisés para Israel obedecer a YHWH.
Estipulações Específicas.	Dt 12–26* O sermão continua com a exposição detalhada do que a lei exige de Israel.
Bênçãos e Maldições.	Dt 27–28

---

251. McCARTHY, M.S. *Per uma Teologia del Pacto nell'AT*, p. 149-151.

252. HAYS, J.D.; DUVALL, J.S. *Manual bíblico ilustrado Vida*, p. 109.

Cláusula sobre o Documento: Exige que se armazene e leia periodicamente o tratado.	Dt 27,1-5
Testemunhas Divinas da Aliança: Várias divindades são invocadas para testemunhar o tratado.	Dt 29–33 Moisés convoca o céu e a terra como testemunhas da aliança entre YHWH e Israel (Dt 30,19; 31,28; 32 1-43).
(Sem Paralelo).	Dt 34 Morte de Moisés.

A partir desse processo de vassalagem é interessante notar que Israel, no Egito, tinha o Faraó como seu suserano, mas diante da aliança com YHWH se dá um relacionamento diferente, pois aquele que os chamara pela graça da eleição como povo escolhido, endossou a chamada historicamente pelo ato de libertá-los de um soberano opressivo para que o povo entendesse a fidelidade e o poder incomparável de YHWH, que realizou muitos prodígios nessa trajetória[253].

Portanto, se a nação de Israel obedecesse a YHWH e o servisse com alegria, seu rosto resplandeceria sobre eles e estariam sempre protegidos pela bênção de YHWH (Nm 6,22-27), esta era a finalidade da aliança, viver sob a proteção de YHWH, desta forma, nada lhes faltaria[254].

Levando em conta a estrutura e o teor da aliança que foi renovada no Livro de Deuteronômio, a função dominante de YHWH é a de Senhor soberano do universo, que escolheu Israel, um povo insignificante, a fim de executar o seu plano para o mundo, ou seja, Israel será uma grande nação e servirá de sinal para todos os povos.

Na sua pedagogia YHWH estabelece o Livro da Lei – a Torá – que foi dada a Israel para servir de diretriz, de base para uma vida santa. Esse era o meio eficaz para Israel alcançar o objetivo de YHWH: servir como um paradigma de como se deve viver, pois faz parte da função dessa Lei estabelecer Israel como nação separada das outras, com o objetivo principal de atraí-las para o Deus único. "O povo vivencia um tipo diferente de sociedade porque conhece e adora um tipo diferente de Deus"[255].

Sendo assim, pode-se dizer que Israel foi escolhido para demonstrar historicamente como deveria ser o domínio de YHWH na terra, e a Terra de Canaã

---

253. ZUCK, R.B. *Teologia do Antigo Testamento*, p. 78.

254. WIERSBE, W.W. *Comentário bíblico-expositivo*, p. 588.

255. VOGT, P.T. *Interpretação do Pentateuco*, p. 112.

foi escolhida como sinal, no qual o mundo teria um vislumbre dessa soberania acontecendo. Sua conquista e ocupação serviriam como protótipo da conquista e ocupação universal, que é tema importante da mensagem escatológica dos profetas[256]. "Israel foi chamado para agir no palco do mundo como uma nação que representava YHWH"[257].

3.1.3 E aos anciãos (v. 9d)

e [deu] *a todos os anciãos de Israel.* 9d וְאֶל־כָּל־זִקְנֵי יִשְׂרָאֵל:

Os levitas já eram os encarregados de levar a arca da aliança (Dt 10,8-9) e agora, também, estão encarregados de guardar o Livro da Lei, eles e os anciãos de Israel que já exerciam certas tarefas de liderança (Dt 21,2; 27,10). Como se vê, Moisés vai delegando responsabilidades a outros membros da comunidade. "É como se a liderança de Moisés fosse sendo multifacetada, e distribuída através de diferentes líderes, embora todos estariam encabeçados e liderados por Josué"[258].

Há uma distinção entre os sacerdotes e os anciãos. Os anciãos eram os mestres da Lei e os líderes das tribos de Israel, responsáveis também por ensinar a Torá; mas o ofício do culto era de responsabilidade dos sacerdotes que pertenciam à tribo de Levi[259].

Em alguns textos, os anciãos aparecem como as testemunhas privilegiadas de eventos-chave da história de Israel. Em outros, eles são os primeiros destinatários de mensagens divinas, o que demonstra a importância deles diante de YHWH como representantes do povo. A primeira menção dos "anciãos de Israel" se encontra em Ex 3,16.18 na cena da sarça ardente. Quando YHWH explica a Moisés os detalhes sobre seu plano de salvação para Israel (Ex 3,16-22), inicia seu discurso do seguinte modo: "Vai, reúne os anciãos de Israel e dize-lhes"[260].

Os estudiosos não deixam dúvidas de que a competência para a interpretação e ensino da Torá passa pelos sacerdotes, filhos de Levi que, junto aos anciãos, devem instruir o povo na Terra Prometida. Moisés entrega aos sacerdotes e anciãos o registro escrito da Torá sinaítica, agora, interpretada na Torá Moabita. Esse registro será a base para ação pedagógica daqueles que foram convocados por

---

256. ZUCK, R.B. *Teologia do Antigo Testamento*, p. 82-84.

257. VOGT, P.T. *Interpretação do Pentateuco*, p. 138.

258. AZCÁRATE, J.L.L. *Deuteronomio*, p. 278.

259. MANLEY, G.T. *Novo comentário da Bíblia*, p. 77.

260. SKA, J.L. *Antigo Testamento: Temas e leituras*, p. 174.

Moisés para instruir Israel. Tanto o registro escrito da Lei (Dt 31,9-13) deve ser guardado junto a arca (Dt 31,26) quanto o registro do cântico (Dt 31,19; 32,1-43), para assim estarem em segurança, e, em contrapartida, eles devem estar acessíveis a todos, pois devem observar e conhecer a Lei[261].

Os anciãos eram pessoas respeitadas por todos de sua tribo pelos longos anos de vida – bênção de YHWH – eram como sábios, devido à grande experiência de vida, sendo assim, faziam parte dos notáveis mais importantes de Israel. Permanecem ao lado de Moisés, também junto ao povo, como responsáveis pelo cumprimento da Lei, pela fidelidade ou infidelidade do povo (Dt 31,28).

Tais anciãos, ao mesmo tempo que são os responsáveis pelo povo diante de YHWH, no que diz respeito a observância da Lei, também atuavam no meio da sociedade como legisladores[262].

O substantivo זָקֵן não foi traduzido por um adjetivo, "velho", mas por um substantivo que denota o valor do ancião. No texto se refere aos líderes tribais que tinham o dever de administrar as coisas de YHWH e fazer cumprir as suas ordens[263].

Os primeiros a saberem da proposta da aliança com YHWH são os anciãos (Ex 19,7). Dada a importância da sua figura frente ao povo, eles se tornam os guardiões da aliança, tamanha era a credibilidade que tinham diante de todos. Em Dt 31 verifica-se a aliança na Terra de Moab como se pode atestar em 31,9: Moisés escreve a Lei e deixa aos cuidados dos sacerdotes, filhos de Levi, e dos anciãos.

Todavia, em outro episódio (Dt 31,24-25), Moisés fala apenas aos sacerdotes e entrega-lhes a Lei. Somente os sacerdotes terão a prioridade de cuidar da Lei, mas logo em seguida sugere-lhes que reúnam os anciãos e os oficiais para pronunciar mais um discurso. Os levitas, portanto, agiam como porta-vozes de YHWH ao lado de Moisés e os anciãos eram os representantes do povo[264].

---

261. "Assim como o decálogo, a Torá deve ser a base da vida na Terra Prometida somente na forma da interpretação mosaica" (OTTO, E. *A Lei de Moisés*, p. 97-98).

262. SKA, J.L. *Antigo Testamento*: Temas e leituras, p. 174.

263. "O substantivo mais comumente relacionado às formas verbais da raiz זקן é זָקֵן 'velho' ocorre 187 vezes no AT. A palavra זָקֵן é usada de duas maneiras específicas: a) para conotar velhice (Gn 18,12; 19,31; 25,8; 35,29; 44,20), normalmente em contraste com a mocidade (Gn 19,4; Js 6,21), e implica que o vigor da vida já passou. b) é um termo técnico para se referir ao ancião ou chefe da comunidade (Gn 19,4; Lv 19,32; 1Sm 28,24; Is 19,15[14]; 47,6). O segundo emprego da palavra está relacionado ao primeiro, uma vez que na cultura do AOM os homens mais velhos recebiam autoridade e liderança, em razão de acumularem sabedoria e experiência" (WEGNER, P.D. זָקֵן. *NDITEAT* [vol. 1], p. 1.107).

264. SKA, J.L. *Antigo Testamento*: Temas e leituras, p. 179.

3.2 Seção B – Moisés ambienta a execução da ordem (vv. 10-11)

3.2.1 A ordem é dada aos destinatários (v. 10ab)

E ordenou-lhes Moisés,   10a   וַיְצַו מֹשֶׁה אוֹתָם

O grande líder está encerrando a sua missão. A estratégia pedagógica usada por Moisés, em seu último dia de vida, foi proferir diversos discursos. Esses discursos são exortativos, relembram os erros do passado e previnem sobre o que deve acontecer no futuro se o povo não cumprir a Lei. Por isso Moisés é firme e ordena expressamente o que deve ser feito, a fim de agradar a YHWH.

A vida de Moisés está prestes a extinguir-se, portanto, compreende-se a urgência na atenção que deve ser dada aos seus últimos conselhos e ao cumprimento da Lei[265]. Neste segmento o narrador enfatiza a ordem do líder: "e ordenou" (וַיְצַו), da raiz צוה. Este verbo se encontra no *piel*, e pode significar: "ordenar, comandar, encarregar, designar, comissionar"[266]. A tradução escolhida para o verbo foi "ordenar", pois Moisés expressa, claramente, uma ordem importante e urgente.

O verbo צוה é encontrado cerca de 496 vezes no AT, sendo 487 vezes no *piel* e 9 vezes no *pual*. Mais da metade dessas ocorrências encontram-se no Pentateuco (252 vezes), majoritariamente concentradas no Livro de Deuteronômio (88 vezes). Outra observação interessante é que dessas 496 vezes que o verbo é encontrado no AT, mais da metade dessas ocorrências têm YHWH como sujeito (280 vezes). Após YHWH, Moisés é o mais citado como sujeito do verbo (85 vezes) e logo a seguir vem Josué (14 vezes)[267].

"Moisés ordenou-lhes" (וַיְצַו מֹשֶׁה אוֹתָם). A preposição אֶת com sufixo de terceira pessoa do masculino plural אוֹתָם, literalmente "a eles", que na oração funciona como o objeto indireto do verbo "ordenar", o qual Moisés é o sujeito. Portanto, a ordem de Moisés está sendo direcionada aos sacerdotes, filhos de Levi, e aos anciãos de Israel, obrigando-os desde já com o compromisso pedagógico da leitura e instrução da Lei.

dizendo: 10b   לֵאמֹר

---

265. MANLEY, G.T. *Novo comentário da Bíblia*, p. 25.

266. WILLIAMS, T.F. צוה. *NDITEAT* [vol. 3], p. 772.

267. Para WILLIAMS, T.F. (צוה. *NDITEAT* [vol. 3], p. 775): "Mais de dois terços das ocorrências de צוה na LXX são traduzidos como ἐντέλλομαι, 'comandar', 'ordenar' (345 vezes), ao passo que a grande maioria restante é traduzida como συντάσσω, 'ordenar', 'dirigir' ou formas correlatas (115 vezes). O verbo צוה é encontrado cerca de 50 vezes nos MMM (Manuscritos do Mar Morto) não bíblicos de *Qumran* (11 vezes em 1QS; 9 vezes em 1QDM; 5 vezes em 11QTemplo [todos de Deuteronômio]; 3 vezes em 1QHa; 1 vez em 1QSb, 1QLitPra e CD-A, e cerca de 18 vezes em vários MMM da caverna 4)."

O v. 10b apresenta o infinitivo construto "dizendo" (לֵאמֹר). É nesse ponto que se abre aspas para a ordem que será dada por Moisés. Essa ordem foi transmitida àqueles que são responsáveis pela instrução das famílias e das tribos: os anciãos. Também àqueles que são responsáveis pela instrução do povo: os sacerdotes. Eles deverão, em conjunto, com toda dedicação, interpretar a Lei e instruir a todos, assumindo assim, o papel de Moisés como mestre e pedagogo.

Junto a saída de Moisés, há dois elementos-chave que são muito importantes para a segurança do povo e sua entrada e permanência na Terra Prometida: 1) Um líder capaz e fiel a YHWH (o novo pedagogo); 2) A presença constante da Lei de YHWH (o material pedagógico). Portanto, faz-se necessária a leitura periódica da Lei (a ação pedagógica). Seu propósito maior é a familiaridade com YHWH em função dos benefícios para o povo[268].

Em Dt 27–28 encontramos as bênçãos e maldições estabelecidas por YHWH em conformidade com o que ficou estabelecido entre as duas partes – YHWH e Israel – no que se refere ao acordo da aliança. Se por um lado YHWH oferece gratuitamente a Terra de Canaã como herança, e todas as bênçãos necessárias para uma vida próspera e feliz. Pode-se entender essa atitude de YHWH como uma estratégia pedagógica usada para motivar Israel a cumprir a Lei. Desta forma, não precisariam passar por dificuldades. Mas, por outro lado, como um bom pedagogo, YHWH deve corrigir e punir toda forma de desobediência, para assim contribuir na formação do caráter de cada membro de Israel, pois esta nação foi separada para ser sinal para todo o mundo.

3.2.2 O tempo e ocasião para a leitura da Lei (v.10c)

Ao final de sete anos,	10c	מִקֵּץ שֶׁבַע שָׁנִים
por ocasião do ano da remissão,		בְּמֹעֵד שְׁנַת הַשְּׁמִטָּה
na festa dos tabernáculos;		בְּחַג הַסֻּכּוֹת

Ao final de sete anos, este foi o tempo determinado para se fazer a leitura solene da Lei na presença de todo o Israel. "Ao final de" como em Dt 15,1, no jejum que estabelece a festa dos tabernáculos (Lv 23,34), quando se apresentarem diante de YHWH. É evidente que a partir do contexto e conteúdo desses versos, além de Dt 31,24, que repete o v. 9, os versículos 10-13 estabelecem que a cada sete anos, durante a festa dos tabernáculos (Dt 16,16), no ano da remissão da dívida

---

268. SÁNCHEZ, E. *Comentário bíblico iberoamericano Deuteronomio*, p. 441.

(Dt 15,1), celebre-se um cerimonial de leitura da Lei em "o lugar escolhido por YHWH" (Dt 12,13-14; 31,11)[269].

O tempo e o lugar da leitura do Livro da Lei ficaram claros. Isso teria lugar no fim do ano sabático (Dt 15,1-11); e durante o período da terceira peregrinação nacional, a festa dos tabernáculos. Tudo indica que esse período estipulado fosse para uma grande celebração de renovação da aliança e não apenas para a rotina da leitura e instrução da Lei[270].

O tempo estabelecido é a cada sete anos, – ao final do ano sabático[271] – para essa grande celebração diante de YHWH, mas é claro que a Lei precisava ser ensinada diariamente, pois o povo de Israel não podia esquecer do seu Criador e Libertador, aquele que transformou Israel em uma grande nação. Por isso, "a preocupação precípua do legislador é de que depois que ele tivesse ido às mansões eternas, a Lei fosse esquecida"[272].

"Por ocasião do ano da remissão" (בְּמֹעֵד שְׁנַת הַשְּׁמִטָּה). A palavra "remissão" (הַשְּׁמִטָּה), artigo mais substantivo é usada apenas 5 vezes no AT, sempre associada com a redução ou cancelamento de dívidas. O substantivo שְׁמִטָּה ocorre somente no Livro de Deuteronômio, sempre com sentido de remissão de dívidas (Dt 15,1-2.9 [no versículo 2 ocorre dois usos desta expressão] e 31,10). Era a Lei, o documento que determinava que a cada sete anos se devia desobrigar as pessoas das dívidas que tivessem contraído, era um lembrete contínuo de que as pessoas que haviam experimentado pessoalmente a graça de YHWH na remissão de seus pecados deviam, por sua parte, manifestar o espírito de graça em seus relacionamentos interpessoais, sendo também misericordiosos com seus irmãos[273].

O v. 10c também enfatiza a festa dos tabernáculos. Tabernáculo, denominação que vem da Vulgata: *tabernaculum*, da tenda que na literatura sacerdotal forma o centro do santuário israelita no deserto[274]. É o lugar sagrado onde se guardavam a arca e a Lei. Era uma espécie de templo móvel, construído a partir da

---

269. AZCÁRATE, J.L.L. *Deuteronomio*, p. 278.

270. CHAMPLIN, R.N. *O Antigo Testamento interpretado*: Versículo por versículo, p. 154.

271. "A lei do sétimo ano ou do ano sabático aparece em três coleções de leis do Pentateuco: o Código da aliança (Ex 23,10-11), o Código deuteronômico (Dt 15,1-3) e o Código de santidade (Lv 25,2-8). Êxodo e Levítico concordam na substância das prescrições: a lei exige que a terra não seja cultivada, mas fique inculta no sétimo ano; como o homem e os animais, também ela deve ter um repouso sabático. A lei do sétimo ano em Dt 15,1-3 não concerne à terra e não fala de um sábado ou de um descanso; ele prescreve que as dívidas devem ser remitidas depois de sete anos" (McKENZIE, J.L. Sabático, ano. In: *Dicionário Bíblico*, p. 811).

272. BENTHO, E.C.; PLÁCIDO, R.L. *Introdução ao estudo do Antigo Testamento*, p. 161.

273. AUSTEL, H.J. שְׁמִטָּה. In: HARRIS, R.L.; ARCHER, G.L.; WALTKE, B.K. *DITAT*, p. 1.581-1.582.

274. BORN, V.D. Tabernáculo. In: BORN, V.D. *Dicionário enciclopédico da Bíblia*, c. 1463.

ordem de YHWH a Moisés. Mas se tratava também de uma tenda[275], já que os israelitas se alojaram em cabanas durante o tempo de peregrinação no deserto.

O primeiro lugar da habitação de YHWH foi o tabernáculo[276], a respeito do qual ele disse: Faze-me um santuário, para que eu possa habitar no meio deles (Ex 25,8). Foi esta a primeira morada de YHWH entre os seres humanos.

Interessante que o AT fala que YHWH descia para visitar Adão no Éden, quando, então, andava pelo jardim (Gn 3,8). Enoque e Noé andavam com o Senhor (Gn 5,24; 6,9), ao qual chamava Abraão de amigo (Is 41,8). Importante notar que YHWH estava presente na vida dessas ilustres personagens, mas nunca descera para habitar, somente para se relacionar. Em Gn 9,27, o qual é profetizado: Habitará nas tendas de Sem" é possível que seja uma alusão ao tabernáculo. Durante mais de quinhentos anos, o tabernáculo foi sua habitação na terra, até dar instruções para Salomão construir para ele uma casa, e o Templo passou a ser seu santuário, pois "o palácio não será feito para homens, mas para o Senhor, o nosso Deus" (1Cr 29,1)[277].

A ordem de Moisés estabelece um tempo; o povo deverá se reunir de sete em sete anos para a leitura da Lei. Esta leitura será feita na ocasião do ano da remissão, na festa dos "tabernáculos" (סֻכּוֹת). Sabe-se que desde os primórdios o povo se relaciona com YHWH através da natureza. Oferece a YHWH as primícias do seu trabalho, como fruto da gratidão relativa ao cuidado de YHWH em suprir as suas necessidades. Esta relação entre YHWH e Israel passou a ser comemorada a partir das festas – tempos designados para se celebrar e comemorar – é a alegria de viver diante de YHWH. A festa serve tanto para louvar a YHWH quanto para servir de estímulo e motivação para a aprendizagem da Lei[278].

---

275. "Tenda" (אֹהֶל), habitação de nômades (Is 38,12; Je 35,7; Os 12,10; Sl 125,5; Ct 1,5) e seminômades, como foram os patriarcas (Gn 13,5; 18,1; 26,5; 33,29; cf.31,33; Hb 11,9) e os israelitas antes de sua sedentarização em Canaã (Ex 16,16; Nm 19,14) (BORN, V.D. Tenda. In BORN, V.D. *Dicionário enciclopédico da Bíblia*, c. 1485).

276. "A primeira menção na Bíblia da palavra tabernáculo está em Ex 25,9, em que YHWH instrui Moisés no Horeb/Sinai sobre a sua construção. Pode-se dizer que o santuário é um ambiente espiritual, que o tabernáculo, o templo, ou até mesmo os corpos proporcionam à adoração a YHWH. E em alguns casos é referência ao edifício do próprio templo. Em Ex 25,8 está escrito: 'E me farão um santuário, e habitarei no meio deles'. YHWH dá a entender que não é uma construção de pedra que ele deseja. O que ele quer mesmo é um santuário no interior das almas, o que significa: 'E morarei dentro deles'" (PAGANELLI, M. *Introdução ao estudo da tipologia bíblica*, p. 95-96).

277. HABERSHON, A.R. *Manual de tipologia bíblica*, p. 53.

278. "A festa afirma a bondade do mundo, razão por que o homem pode usufruir dele, e porque Deus lhe dá o fundamento. Ela se organiza em torno de três polos interdependentes e correlatos: o homem, o mundo e Deus. O homem como sujeito bom, o mundo como objeto bom, e o divino como fundamento da bondade de um e de outro. É sobretudo este último, que a festa afirma e destaca: o mundo é bom e o homem pode habitá-lo como pátria, porque é fruto da vontade e da manutenção do sagrado e sobre o sagrado. Aqui se encontra o segredo de toda festa, na qual, para além das aparências, tomamos novamente consciência do valor positivo da existência, como espaço completo de usufruto e de sentido" (DI SANTE, C.

A vida cotidiana do Israelita, pastor e depois agricultor, determinou as diferentes festas. A festa da Páscoa era a festa pastoril da primavera, em que era oferecida as primícias do rebanho. O trabalho na terra fez nascer outras três festas anuais: ázimos na primavera, semanas no verão e colheita no outono (Ex 23,14-17; 34,18.22). O Livro de Deuteronômio uniu a Páscoa aos ázimos e deu à festa da colheita o nome de festa dos tabernáculos (Dt 16,1-17). É como se as festas fossem evoluindo e ganhando um sentido próprio para cada ocasião. Contudo, sem perder a sua essência.

Sendo assim, as festas tomaram um novo sentido em função dos eventos ocorridos na vida do povo e foram atualizando cada comemoração. Este novo sentido se dá em função do passado que elas lembram, do futuro que elas anunciam e do presente que elas revelam. Esta dinâmica estratégica de YHWH faz parte de sua pedagogia e está presente em diversos acontecimentos que unem o AT ao NT. Um evento marcante é a Páscoa do Egito (Ex 12) e a Páscoa cristã (Mt 26,17-29; Mc 14,12-25; Lc 22,7-20; 1Cor 11,23-34), aqui se encontra o memorial para se entender o sentido da festa.

Israel celebra seu Deus de diversas formas: como Criador é celebrado a cada sábado (Ex 20,11). O sábado é o sétimo dia no calendário israelita e judaico. Desde os primitivos tempos, o sábado é um dia sagrado para os judeus e é marcado pela observância religiosa. O substantivo שַׁבָּת está ligado a raiz שבת, que significa repousar ou cessar. YHWH como libertador do Egito está presente não só no dia de sábado, mas também na celebração da Páscoa (Dt 5,12-15; 16,1). O ritual da Páscoa é apresentado em (Ex 12,1-28), em que está em relação com a festa dos ázimos. Js 5,10-11 relata a celebração da Páscoa por ocasião da entrada dos israelitas em Canaã. Já a festa dos tabernáculos lembra as marchas no deserto, o tempo em que viveram em tendas (Lv 23,42s.)[279].

Assim as festas agrárias se tornaram festas comemorativas e religiosas, pois na oração do israelita que oferece suas primícias eleva-se a ação de graças tanto pelos dons da terra como pelos altos feitos do passado (Dt 26,5-10)[280].

A festa dos tabernáculos ocorria no mês de *tishri*, que é o sétimo mês do calendário hebraico (Lv 23,34.39), e que corresponde aos meses de setembro/outubro do nosso calendário. Sendo *tishri* o sétimo mês era também o mês sabático. "O que o sétimo dia representa para a semana, o mês de *tishri* é para o ano. Portanto, o primeiro dia do sétimo mês é celebrado como o 'sábado'

Liturgia judaica, p. 211-212).

279. McKENZIE, J.L. Páscoa/Sábado. In: *Dicionário Bíblico*, p. 696 e 809.

280. SESBOÜÉ, D.; LACAN, M.F. Festas. In: LEON-DUFOUR, X. *Vocabulário de teologia bíblica*, c. 350.

(שַׁבָּת), um dia de descanso, de memorial, de tocar as trombetas, e de santa convocação"[281].

A festa dos tabernáculos era uma das três principais festas do judaísmo. Era celebrada no santuário central, em Jerusalém, para onde os fiéis peregrinavam. Todo varão israelita tinha obrigação de participar, mas a comunidade inteira acabava envolvida, pois, para o judeu, peregrinar a Jerusalém era uma festa[282].

3.2.3 A escolha do lugar (v. 11abc)

quando for todo o Israel   11a   בְּבוֹא כָל־יִשְׂרָאֵל

Quanto ao v. 11a, "quando for todo o Israel" (בְּבוֹא כָל־יִשְׂרָאֵל), alguns estudiosos argumentam que se todo o Israel fosse se apresentar diante de YHWH, a terra ficaria absolutamente vazia e descuidada. Possivelmente todo o Israel seria representado no lugar que YHWH escolhera por um grupo simbólico de pessoas[283].

Para os estudiosos, "somente os varões tinham obrigação de fazer esta viagem, embora suas famílias os acompanhassem. Não sabemos com qual precisão foi guardada essa prescrição"[284].

Como se pode observar no texto, Moisés não exclui ninguém, todos deverão se apresentar diante de YHWH, até mesmo o estrangeiro. Tamanha é a necessidade do conhecimento da Lei, pois o povo – a geração que nasceu no deserto – tinha ciência do que havia acontecido com a primeira geração – a que morreu no deserto – e não desfrutou da Terra Prometida, justamente porque não observou o decálogo entregue a Moisés no Horeb/Sinai. Havia real necessidade de que todos comparecessem diante de YHWH, pois era de suma importância ouvir a palavra para aprender a temer YHWH com amor e total reverência[285].

Esta convocação para estar diante de YHWH em dia e local escolhido por ele, tratava-se de uma convocação geral, mas não se restringia a um único dia para

---

281. McMURTRY, G.S. *As Festas judaicas do Antigo Testamento*, p. 109.

282. "Chegar à cidade santa era, sem dúvida, motivo para festejar. Todo o seu ser era invadido por essa experiência. Ele esquece os numerosos obstáculos e perigos que enfrentou durante o longo caminho, pois seus olhos avistam e contemplam o monte santo de Deus: Sião" (FERNANDES, L.A.; GRENZER, M. *Dança, Ó Terra*, p. 163).

283. THOMPSON, J.A. *Deuteronômio introdução e comentário*, p. 278.

284. CHAMPLIN, R.N. *O Antigo Testamento interpretado*: Versículo por versículo, p. 154.

285. "Para que todo o Israel 'ouça e tema', a ideia aparece nos seguintes textos: Dt 17,13; 19,20; 21,21; 31,12-13; e deve o presente texto implicar o princípio de que, sendo público o castigo, maiores são os efeitos produzidos" (MANLEY, G.T. *Novo comentário da Bíblia*, p. 49).

instrução. Exemplo disso se tem em Ne 8, em que Esdras reúne o povo sete dias seguidos para proclamar a leitura do Livro da Lei.

Como se sabe, a instrução precisa ser diária, e deve começar na família. Esse dia específico que foi convocado por Moisés, torna-se um dia nacional, ou seja, Israel, como um todo, vai apresentar-se diante de YHWH, como nação e como uma nação eleita, para lembrar a unicidade: um só povo, um só Deus, uma única Lei, um único local de culto, uma única terra.

A unicidade é um tema teológico importante no Livro de Deuteronômio, que produz um interessante conteúdo programático para prática pedagógica de YHWH, pois tudo gira em torno de um ponto central: o conceito de único (um). É através desse conceito que se desenvolve a ação pedagógica de YHWH, em que uma série de conteúdos importantes se entrelaçam nesta dinâmica utilizada por YHWH[286].

Portanto, a convocação feita por Moisés em Dt 31,11a era para "todo Israel" (כָּל־יִשְׂרָאֵל) ouvir as palavras de YHWH, como também em Dt 5,1, já que se trata de um "povo santo" e "escolhido" (Dt 7,6). A frase "todo o Israel" é uma expressão que predomina no Livro de Deuteronômio[287]. O v. 12a reforça essa convocação e relaciona de forma detalhada os que deverão participar. Nesse versículo está uma lista detalhada de todos que devem responder a esta convocação.

| *para se apresentar diante de YHWH, teu Deus,* | 11b | לֵרָאוֹת אֶת־פְּנֵי יְהוָה אֱלֹהֶיךָ, |

No segmento 11b o verbo "ver" (רָאָה), no infinitivo *niphal*, לֵרָאוֹת denota o reflexivo do causativo, "se apresentar", ou seja, "deixar alguém ver"[288]. É estar na presença de YHWH, diante dele, para prestar contas de suas obrigações que se resumem em obedecer e cumprir a Lei de YHWH na fidelidade e no amor, como está previsto na aliança. Assim sendo, o povo atenderá à vontade de YHWH e corresponderá à sua bondade, procedendo da seguinte forma: amando o seu criador, obedecendo a sua Lei, mostrando gratidão e temendo a YHWH[289].

---

286. SCHMIDT, W.H. *Introdução ao Antigo Testamento*, p. 130.

287. No Livro de Deuteronômio existem várias palavras e frases que são repetidas para serem fixadas e apreendidas. Expressam ideias básicas do livro, como: Israel "não deve esquecer" (4,9) que foi "servo na terra do Egito" (5,15), muitas vezes chamado "casa de servidão" (5,6), e que daqui o Senhor o "reuniu" (7,8) "com mão forte e com braço estendido" (4,34). Sobre o tema da herança, temos: Deus "dá" ao seu povo uma "boa terra" (1,25), donde "mana leite e mel" (6,3), como "jurara a seus pais" que a haviam de "possuir" (1,8) como "herança" (4,21). São muitas as expressões que existem no livro, citamos somente algumas. (MANLEY, G.T. *Novo comentário da Bíblia*, p. 5).

288. NAUDE, J.A. רָאָה. *NDITEAT* [vol. 3], p. 1.004.

289. WIERSBE, W.W. *Comentário bíblico-expositivo*, p. 490.

Nesse mesmo segmento 11b se tem a presença do substantivo "deuses" (אֱלֹהִים), "que é um plural majestático, pois rebaixa a YHWH tudo o que era tido por divino"[290]. O substantivo significa "deuses ou deusas" no contexto do AOP. Neste segmento aparece acrescido do sufixo de segunda pessoa do masculino singular "teu" e se refere ao Deus único, o Deus de Israel, "teu Deus" (אֱלֹהֶיךָ).

Há numerosas referências no Livro de Deuteronômio a YHWH, o Deus de teus / nossos / vossos / seus pais[291]. Este é o nome do Deus soberano que fez aliança com Israel[292].

Há também uma grande ênfase no uso do nome de Deus no livro, pois sabe-se que YHWH é o altíssimo e o seu nome carrega todo o seu poder. O nome é invocado em várias passagens e, é também, uma declaração de poder supremo capaz de tornar presente aquele que é invocado[293].

O AT usa duas principais palavras para se referir a Deus. A primeira é "Deus" (אֱלֹהִים), que é o nome usado em Gn 1,1. Este substantivo ocorre 2.570 vezes no AT. É um termo genérico que significa, "Deus", quando está se referindo ao Deus de Israel. É interessante notar que esta palavra está no plural, e pode ser traduzida por "deuses" quando se refere aos deuses pagãos (Dt 4,7; 10,17; 13,3), porém, quando se refere ao Deus de Israel, essa forma plural é sempre acompanhada por verbos e pronomes no singular. O outro substantivo é YHWH. Esse substantivo ocorre mais de 6.800 vezes e tem a função de nome pessoal de Deus. O nome YHWH, provavelmente, está relacionado ao verbo hebraico "ser/estar" (הָיָה), por isso, a forma de se identificar a Moisés como "Eu sou o que sou" (Ex 3,14). Esta forma trata-se, então, de um jogo de palavras, ainda que complexo sobre o nome YHWH[294].

no lugar que escolherá	11c	בַּמָּקוֹם אֲשֶׁר יִבְחַר

Em 11c se tem um verbo muito interessante e determinante no texto, é o verbo escolher; verbo este, que mostra uma das principais ações de YHWH. Na forma *yiqtol*, יִבְחָר, que é usada para dizer que YHWH "escolherá", aparece cerca de

---

290. FERNANDES, L.A. *Teologia, Antropologia e Ecologia em Gn 1,1-2,4a*, p. 42.

291. Dt 1,11.21; 4,1; 6,3; 12,1; 26,7; 27,3; 29,24.

292. THOMPSON, J.A. *Deuteronômio introdução e comentário*, p. 34.

293. Segundo McKENZIE, J.L. (Nome. In: *Dicionário Bíblico*, p. 659): Assim, seu nome é glorioso (Sl 72,19), grande (1Rs 8,42), terrível (Dt 28,58), exaltado (Sl 148,13). Através de seu nome se foi libertado (Sl 54,3), exaltado (Sl 20,2; 89,25). Confia-se em seu nome (Sl 33,21; Is 50,10), encontra-se socorro em seu nome (Sl 124,8). Golias se aproxima de Davi com lança e dardo, mas Davi se confronta com ele com o nome de YHWH (1Sm 17,45).

294. HAYS, J.D.; DUVALL, J.S. *Manual bíblico ilustrado vida*, p. 65.

22 vezes no Livro de Deuteronômio[295]. Em todas as ocorrências é YHWH o sujeito que escolhe, e o objeto escolhido é o "lugar" (מָקוֹם)[296].

Este verbo cujo significado é: "colocar um olhar penetrante em" na maior parte dos contextos, a palavra sugere o conceito de "escolher" ou "selecionar"[297]. Visto que é sempre YHWH quem escolhe, quem determina o lugar. Pode-se perceber que a centralização relativa ao local de culto tem direta relação com a unicidade de YHWH[298].

No lugar que (este) escolher a Lei será proclamada. Este, aqui, é YHWH. É ele quem escolhe o lugar. O lugar que futuramente será escolhido para unificar o culto será o santuário central – Templo de Jerusalém – que irá substituir os santuários mais antigos, espalhados em vários lugares[299].

Interessante perceber que o código de leis específico de Dt (12,1–16,17*) já trata dessa questão. Começa justamente abordando a substituição futura do tabernáculo por um santuário central como lugar onde YHWH escolherá para colocar o seu nome (Dt 12,4-32); eventualmente Jerusalém[300].

Mas, nos primórdios, o local não era fixo; a leitura aconteceu em diversos lugares, sempre escolhidos por YHWH, para futuramente se fixar no Templo de Jerusalém construído por Salomão. Apesar de Davi manifestar a vontade de construir uma casa para YHWH, ele não permitiu. Foi Salomão quem edificou essa casa, concretizando assim, o desejo de seu pai (1Rs 6,1-37).

3.2.4 A Lei deverá ser lida para todo o Israel (v. 11de)

proclamarás esta Lei,   11d   תִּקְרָא אֶת־הַתּוֹרָה הַזֹּאת

---

295. Dt 12,5.11.14.18.21.26; 14,23.24.25; 15,20; 16,2.6.7.11.15.16; 17,8.10; 18,6; 23,17; 26,2; 31,11.

296. McCONVILLE, J.G. *Deuteronomy*, p. 293.

297. *Bíblia de estudos palavras-chave hebraico e grego*, p. 1.551.

298. "Quanto à identidade de YHWH, no Deuteronômio entrevê-se o percurso que levou a fé de Israel a amadurecer a tomada de consciência monoteísta. Para a tradição deuteronomística, YHWH é o único Deus de Israel. Afirmações como as de Dt 6,4-5 e 10,12.17 não vão além de uma perspectiva monolátrica e de uma indicação de tipo nacional. Embora conscientes da existência de múltiplas divindades, os israelitas são obrigados a adorar somente YHWH, seu Deus" (GALVAGNO, G.; GIUNTOLI, F. *Pentateuco*, p. 298-299).

299. "O santuário central unificou Israel em torno de uma única prática religiosa. No Livro de Deuteronômio esse lugar aparece sempre de maneira profética, sem nunca ser definido, ao passo que Jerusalém nunca é mencionada. Os críticos naturalmente veem no texto sagrado um anacronismo, supondo que o Livro de Deuteronômio tenha sido escrito somente depois do estabelecimento do santuário central de Jerusalém" (CHAMPLIN, R.N. *O Antigo Testamento interpretado*: Versículo por versículo, p. 154).

300. FEE, G.; STUART, D. *Como ler a Bíblia livro por livro*, p. 60.

O v. 11d traz uma ação importante no *yiqtol*: "Proclamarás" (תִּקְרָא) esta Lei, soando quase como uma ordem. O verbo pode designar levantar a voz, gritar ou também pode denotar ler em voz alta. Proclamarás a Lei dá a impressão de que ela deve ser pregada para os quatro cantos da terra, por isso uma designação do verbo תִּקְרָא é gritar, pois todos devem saber, devem escutar, devem tomar conhecimento, ninguém pode ser impedido de ouvir[301].

Dado importantíssimo é que o verbo "proclamarás" (תִּקְרָא) encontra-se na segunda pessoa do singular, "tu", isto implica que Moisés, nesse momento, não está falando com os sacerdotes, filhos de Levi e anciãos, mas, provavelmente esteja falando com Josué; pois os discursos proferidos em Dt 31,1-30 se referem, praticamente, à sucessão de Moisés. Josué, então, devia estar ao lado de Moisés, recebendo toda a instrução.

Mas, a leitura da Lei também estava à cargo dos sacerdotes, filhos de Levi e anciãos, aqueles que tinham o dever de ensinar e guardar os preceitos. "A lei não era algo vago, mas era expressamente codificada e, como texto escrito, veio a assumir uma autoridade extrema"[302]. A Lei escrita por Moisés se torna, por assim dizer, o livro didático daqueles que deverão estar à frente da função pedagógica de ensinar e educar dentro dos princípios estabelecidos por YHWH. Primeiramente, Josué, o novo líder, e depois, os sacerdotes e anciãos.

Uma vez sendo proclamada a palavra de YHWH e essa sendo recebida no coração de cada membro da comunidade e vivenciada na vida de Israel, YHWH realiza, por assim dizer, sua tarefa pedagógica. Como expressa o Profeta Is 55,11: Assim é também a palavra que sai da minha boca: Não voltará a mim vazia, sem ter cumprido o que eu desejo e realizado o objetivo de sua missão.

O primeiro lugar onde a Lei foi proclamada, depois da morte de Moisés, foi em Siquém. Josué como novo líder do povo terá o ofício de fazer valer a vontade de YHWH. Enquanto for líder se encarregará de congregar o povo e fazer acontecer esse evento a cada sete anos. De acordo com Js 24,25-28, a leitura da Lei ocorreu em Siquém, na festa dos "tabernáculos" (סֻכּוֹת) após a travessia do Rio Jordão.

Moisés escreveu a Lei e Josué a leu na renovação da aliança em Siquém quando já estavam na Terra Prometida. Foi a primeira vez que esta leitura foi realizada. O livro, trazido junto à arca da aliança e que outrora foi entregue por Moisés aos sacerdotes e anciãos, agora é aberto e todos os que entraram

---

301. Nota-se a ênfase que o Livro de Deuteronômio dá ao verbo (19 ocorrências), pois o objetivo deste é que a Lei seja proclamada, para que conhecendo bem a vontade de YHWH possam observá-la e praticá-la. "Proclamarás" (תִּקְרָא), este verbo ocorre 730 vezes no AT (JENNI, E.; WESTERMANN, C. *Theological Lexicon of the Old Testament*, p. 1.447).

302. PAGANINI, S. *Deuteronomio*, p. 426.

na Terra Prometida puderam tomar conhecimento do seu conteúdo pedagógico-educativo.

Esse momento crucial da leitura da lei curiosamente atesta na história de Israel pontos de convergências que reportam aos antepassados, os patriarcas. Siquém ficava no estreito vale entre Ebal ao Norte e Gerizim ao Sul, e foi neste lugar que o patriarca Abraão ergueu o primeiro altar[303] em honra de YHWH, quando chegou à Terra Prometida, em Canaã, junto ao carvalho de Mambré (Gn 13,17-18).

Jacó, nesse mesmo local, comprou uma parte do campo dos filhos de Hamor após o seu retorno da Mesopotâmia e acampou com os seus familiares. Enterrou ali os ídolos trazidos pelos que o acompanhavam, combatendo a idolatria dentro do seu clã (Gn 33,18-20). Além disso, Jacó cavou um poço que tem o seu nome. Os estudiosos afirmam que foi neste local que o poço foi construído[304].

Em Siquém, Josué convocou todo o povo de Israel a se apresentar diante de YHWH, conforme a ordem de Moisés em 31,12. Ali, também, proferiu um discurso, o seu discurso de despedida (Js 24,1-15). Realizou-se nesta cerimônia a renovação da aliança (Js 24,25-28), exatamente no lugar onde ao entrar na Terra Prometida eles cumpriram a lei (Js 24,25), a Lei que foi estabelecida por YHWH e registrada no livro que Moisés entregou aos sacerdotes e anciãos.

Para eternizar este momento solene foi colocada uma grande pedra debaixo do carvalho de Mambré, selando a aliança entre YHWH e o seu povo. Pode-se dizer que a pedra serviu como um recurso pedagógico concreto, para fixar na mente tudo que ocorreu ali; ela também serviu como o símbolo do testemunho, o qual era selado os acordos, os tratados, as alianças e vários são os exemplos na Bíblia que ocorreram não só entre YHWH e o povo, mas também entre pessoas, grupos etc.[305].

Assim é apresentada a importância dessa cidade na história bíblica: foi em Siquém que pela primeira vez a ordem de Moisés foi executada. Em que a figura principal é Josué, seu sucessor, que assume a partir de então, o ofício pedagógico do ensino.

---

303. "O altar é um elemento essencial do santuário e, nas histórias dos patriarcas, a edificação de um altar bastava para significar a fundação de um santuário (Gn 12,7-8; 13,18; 26,25; 33,20). O sacerdote era desde o início, e tornou-se cada vez mais, exclusivamente o ministro do altar" (DE VAUX, R. *Instituições de Israel no Antigo Testamento*, p. 444).

304. A tradição está mencionada no NT e aparece no episódio da mulher samaritana (Jo 4,5.12).

305. Veja alguns exemplos: O sonho de Jacó (Gn 28,18); tratado entre Jacó e Labão (Gn 31,44-48); conclusão da aliança (Ex 24,4); as doze pedras retiradas do Jordão (Js 4,3.8-9). Também os ossos de José foram trazidos do Egito e sepultados em Siquém (Js 24,32).

A lei era de suma importância na vida de Israel, pois facilmente se desviavam do caminho do bem. "O propósito de Dt 31,9-23, mas especialmente da primeira parte Dt 31,9-13, é o da institucionalização do Livro da Lei escrito por Moisés dentro da vida religiosa e das práticas cultuais de Israel"[306]. Este livro serviu como material didático a ser utilizado na formação das novas gerações, e o seu conteúdo pedagógico deverá ser ministrado e seguido por todos os responsáveis pela formação de Israel. É também o contrato (acordo) da aliança entre YHWH e Israel.

Como se vê, a função cerimonial desta leitura da lei é religiosa e pedagógica (v.13), fruto de uma preocupação que aparece em outros lugares do livro: Dt 6,6-9; 11,18-21; 17,18-19. No entanto, há poucos detalhes sobre este cerimonial, e se realmente será cumprido fielmente conforme as determinações estabelecidas[307].

Através do Livro de Deuteronômio se tem a informação de que o Livro da Lei ficou aos cuidados dos sacerdotes levitas, portanto, no Templo (Dt 17,18; 31,9); também nas mãos dos anciãos (31,9). São esses sacerdotes e os anciãos, que devem se ocupar da instrução desse livro, através da leitura pública (31,10-13). O que chama especialmente a atenção é o que estabelece Dt 17,18: o rei, que já está sentado no trono e, portanto, exerce o cargo, deve fazer para si uma cópia do texto que está no Templo. E deve orientar-se por ele. O fato chama a atenção e certamente não é por acaso: pois, da mão do sacerdote o livro vai para a mão do rei que já governava. A partir desse episódio, surge aquilo que está relatado em 2Rs 22–23: o Rei Josias promove uma grande reforma religiosa[308]

É intrigante perceber que essa leitura do Livro da Lei, a cada sete anos, não é atestada em nenhum outro lugar, nem mesmo nos regulamentos para o ano do jubileu. Dt 15,1; 16,13-15 atestam que ocorria na festa das tendas (סֻכּוֹת). Uma hipótese é que essa legislação possa ter surgido graças à leitura periódica dos textos que continham tratados[309].

Como se pode constatar na Sagrada Escritura encontra-se relatado apenas três ocasiões, em que foi proclamada a leitura do Livro da Lei. A primeira leitura foi realizada por Josué em Siquém[310], após a travessia do Rio Jordão (Js 24,25-28),

---

306. PAGANINI, S. *Deuteronomio*, p. 426.

307. AZCÁRATE, J.L.L. *Deuteronomio*, p. 279.

308. CRÜSEMANN, F. *A Torá*, p. 377-378.

309. BLENKINSOPP, J. Deuteronômio. In: BROWN, R.E.; FITZMYER, J.A.; MURPHY, R.E. *Novo comentário bíblico São Jerônimo*: Antigo Testamento, p. 248.

310. Segundo FINKELSTEI, I.; SILBERMAN, N.A. (*La Biblia Desenterrada*, p. 102): E Josué dirige uma cerimônia de renovação da aliança (Js 8,30-35). Ainda mais eloquente é a passagem em que YHWH ordena a Josué que medite sobre o "Livro da Lei" dia e noite (Js 1,8-9), em um curioso paralelismo com a descrição bíblica de

aproximadamente em 1210 a.C. A segunda leitura ocorreu na época do Rei Josias (622/1 a.C.). Durante a reforma do Templo foi encontrado um livro, tudo indica que era o Livro da Lei, provavelmente uma parte do Livro de Deuteronômio, respectivamente, o código da lei (Dt 12–26*). A terceira leitura foi feita por Esdras, após seu retorno da Babilônia. A leitura pública da lei foi proclamada em uma praça em frente ao Templo de Jerusalém, em 457 a.C.

Como se pode perceber, os autores sagrados só mencionam a leitura do Livro da Lei em quatro passagens bíblicas, sendo que no segundo Livro de Reis e de Crônicas se trata do mesmo relato: Js 24,25-28; 2Rs 23,2/2Cr 34,30; Ne 8,1-5. É intrigante que um livro tão importante, sinal da aliança entre Israel e YHWH, fosse mencionado somente quatro vezes nos textos bíblicos. De qualquer forma, o fato de não ser citado inúmeras vezes, não significa que a leitura não estivesse sendo feita, já que o livro chegou até os dias atuais.

Como sacerdote, Esdras não se preocupou em fazer sacrifícios no Templo, mas se preocupou em congregar o povo para aprender a Lei. O texto de Ne 8,1-8 apresenta Esdras reunindo o povo para estudar a Lei e para orar a YHWH. Na tradição do judaísmo, Esdras é considerado o fundador do grupo de escribas, que irão se ocupar do estudo da Lei com o objetivo de ensinar a todo Israel[311].

Com Esdras e Neemias vai acontecer uma grande reforma religiosa, que foi iniciada com o Rei Josias, mas interrompida devido à sua morte prematura. Esdras é um sacerdote descendente do sumo Sacerdote Aarão. Pode-se dizer que é um "novo Moisés", pois conhece bastante a Lei e a coloca em prática e, o mais importante, é que vai fazer o povo de Israel colocar a Lei em prática também. Assim como Esdras, Neemias encontra-se impulsionado a lutar pela reforma do culto. "Neemias como Esdras vêm da diáspora para ajudar os repatriados na difícil tarefa de erguer Judá e Jerusalém. Por detrás da reedificação dos muros e da reinstalação do povo em Jerusalém está o desejo de reedificar a fé"[312].

Sintetizando: Os porta-vozes e pedagogos que ministraram as leituras públicas da Lei foram, primeiramente, Moisés (Ex 24,3.7), quando recebeu o decálogo para instruir o povo que havia saído da escravidão do Egito; mais tarde, quando ele próprio escreve o Livro da Lei e recomenda a proclamação dessa lei-

---

Josias como rei preocupado unicamente com o estudo da Lei, um rei que "se voltou para o Senhor de todo o seu coração, com toda a sua alma e força e em pleno acordo com a Lei de Moisés" (2Rs 23,25).

311. O Templo foi finalmente reconstruído por volta de 520 a.C., mas a cidade estava destruída e seus habitantes vivendo de forma precária. Foi quando Esdras retornou para promover um reavivamento da palavra de YHWH na vida daquele povo. Mas a retomada econômica veio somente em 444 a.C., com Neemias, que veio a Jerusalém para reconstruir suas muralhas e torná-la novamente uma cidade importante (REINKE, A.D. *Atlas bíblico ilustrado*, p. 80).

312. FERNANDES, L.A. *A Bíblia e a sua mensagem*, p. 173.

tura a cada sete anos (Dt 31,10-11), a partir de então, tem-se a presença de: Josué (Js 8,34-35), Josias (2Rs 23,2; 2Cr 34,30) e Esdras (Ne 8,1-5)[313]. São estes os únicos registros que se têm do cumprimento da grande ordem de Moisés.

diante de todo Israel, aos ouvidos deles.   11e   נֶגֶד כָּל־יִשְׂרָאֵל בְּאָזְנֵיהֶם׃

No v. 11e Moisés, como um bom pedagogo, tem a sensibilidade de solicitar, nas entrelinhas de seu escrito, que a leitura seja feita com toda a reverência para tocar no mais íntimo do ser, por isso usa uma expressão bem significativa, "aos ouvidos deles" (בְּאָזְנֵיהֶם). A palavra é usada, muitas vezes, metaforicamente como um instrumento de obediência (Pv 25,12) e de inteligência (Jó 12,11; 13,1; Pv 18,15; Ecl 1,8). Em Jr 6,10 os desobedientes ou desatentos são descritos como tendo ouvidos incircuncisos. A expressão hebraica para revelar alguma coisa ou tornar alguém ciente é abrir os ouvidos (Rt 4,4; 1Sm 20,2.12.13; Is 35,5)[314].

O termo é muito sugestivo. Falar aos ouvidos reporta a questão da obediência, pois obedecer significa ouvir de perto, estar atento. Era preciso ir além do ouvir, ou seja, depositar no coração as palavras de YHWH: "Ponde no vosso coração" (Dt 11,18).

Moisés vai falar muitas vezes "do coração e ao coração". Por quê? Porque só com o coração se deve procurar (Dt 4,29) amar (Dt 6,5) e servir a YHWH (Dt 10,2). Circuncide-se, pois, o coração (Dt 10,16), já que dele procedem os maus pensamentos (Dt 9,4; 15,9). Mas recorde-se também que é no coração que reside a palavra de YHWH (Dt 30,14)[315].

Mais do que ouvir palavras mecanicamente, deve-se compreender profundamente o seu significado. E para isso é preciso ouvir com o coração, porque as nuanças das palavras da Torá não se encontram expressas explicitamente. Assim como aqueles que leem nas entrelinhas, deve-se ouvir nas entrelinhas[316].

Portanto, falar "aos ouvidos deles" se trata de uma delicadeza de YHWH. É como se aquele que ensina falasse a cada um individualmente, de uma forma tão eficaz, que o contato do som das palavras com os órgãos da audição trouxessem uma proximidade tão grande, capaz de fazer sentir a presença do próprio YHWH falando "aos seus ouvidos"[317].

---

313. WATTS, J.W. *Reading Law: The Rhetorical Shaping of the Pentateuch*, p. 15-20.

314. *Bíblia de estudos palavras-chave hebraico e grego*, p. 1.515.

315. MANLEY, G.T. *Novo comentário da Bíblia*, p. 44.

316. BUNIM, I.M. *A Ética do Sinai*, p. 605.

317. "A atividade psíquica é geralmente associada na Bíblia com vários órgãos do corpo. O principal deles

3.3 Seção C – Ordem abrangente dada por Moisés (vv. 12-13)

3.3.1 Congregar Israel com uma finalidade específica (v. 12ab)

Congrega o povo: 12a   הַקְהֵל אֶת־הָעָם
os homens, as mulheres,   הָאֲנָשִׁים וְהַנָּשִׁים
as crianças e o teu estrangeiro,   וְהַטַּף וְגֵרְךָ

O v. 12a é aberto com um imperativo: "congrega" (הַקְהֵל). É a frase principal e estabelece o teor da ordem de Moisés, convocando a todos através de uma lista em que a ordem é estabelecida por uma categoria de valores. Assim, fica estabelecido que todos devem participar da instrução da Lei, tendo a oportunidade de ouvir e conhecer os decretos que YHWH deu ao seu servo Moisés. Aqui se tem, novamente, a suposta presença de Josué ao lado de Moisés, pois o verbo está no singular e o seu sujeito oculto é o pronome "tu", indicando, assim, que possivelmente a ordem de congregar esteja sendo dada diretamente a Josué.

Moisés ordena que o povo se reúna, formando, assim, a assembleia de Israel (Dt 31,12.30), que aqui se detalha completamente: homens, mulheres, crianças e estrangeiros residentes; Dt 29,10 é de maneira mais extensa do que Dt 16,16; do qual unicamente são mencionados os varões[318].

As palavras que convocam a futura assembleia de Israel para ouvir a leitura do livro são semelhantes àquelas com as quais YHWH pede a Moisés para convocar o povo ao santo monte em Dt 4,10. A lista dos participantes, embora menor, amplia aquela de Dt 29,9-10, pois enfatiza a totalidade. As crianças escutam para aprenderem a temer, enquanto colocam em prática o que foi ouvido e que era reservado para os adultos. A insistência neste caso parece cair mais sobre o tema da transmissão da Lei, do que no fazer, por parte das crianças. Nos vv. 12a.13a a indicação repetida das crianças como beneficiários da leitura refere-se à importância do ensino ministrado desde bem cedo, o que particularmente enfatiza Dt 6[319].

Até o estrangeiro fazia parte dessa lista de convocados, portanto, a cada ano sabático, na festa dos tabernáculos, a Lei deveria ser lida e explicada publicamente

---

e o mais frequentemente mencionado é o coração. Os antigos desconheciam a circulação do sangue e as funções fisiológicas do coração; mas as reações emocionais são facilmente reconhecíveis, e o coração é o centro principal da atividade emocional do corpo. Nossos planos ou propósitos encontram-se no coração (Is 10,7). O que nunca pensamos nunca entrou em nosso coração (Jr 7,31; 19,5). Assim o homem é o que o seu coração é." (McKENZIE, J.L. Coração. In: *Dicionário Bíblico*, p. 183).

318. AZCÁRATE, J.L.L. *Deuteronomio*, p. 278.

319. GRILLI, M.; PEREGO, G.; SERAFINI, F. *Deuteronomio*, p. 348-349.

para todo homem, mulher e criança, quer fosse israelita quer fosse estrangeiro, de modo que todos ouvissem, temessem e lhe obedecessem (Ne 8)[320].

Como se vê, esta unidade está estruturada em torno do conceito de totalidade (vv. 9.11.13), nestes três versículos se têm a presença do substantivo "todo/ todos" (כָּל): em 9d "todos os anciãos de" (כָּל־זִקְנֵי); no v. 11 se tem duas ocorrências em 11a/11e "todo Israel" (כָּל־יִשְׂרָאֵל); no v. 13d "todos os dias que vós vivereis sobre a terra" (כָּל־הַיָּמִים אֲשֶׁר אַתֶּם חַיִּים עַל־הָאֲדָמָה); reafirmando assim que a instrução de YHWH se dirige a todos os membros da comunidade, incluindo as futuras gerações. Neste sentido, é importante assinalar que a leitura periódica da Lei ajuda a geração adulta a recordar sua responsabilidade com YHWH, e a geração nova (as crianças) a ter a certeza de que a Lei sempre estará disponível para elas e para todas as gerações que se sucederão. A meta do conhecimento dessa Lei é o temor e a reverência a YHWH[321].

De acordo com a legislação deuteronomista, os israelitas deveriam estudar o Livro da Lei dia e noite e ensiná-los a seus filhos, mulheres e, até mesmo, aos estrangeiros (Dt 31,11-13; Js 1,8; Sl 1,2). O teor pedagógico dessa instrução tem como metas a vida e as bênçãos para Israel. Pode-se dizer, com propriedade, que algo que não faltou na ação metodológica de YHWH, quando ensinava a Israel, foi a sua misericórdia[322].

| *que (está) dentro dos teus portões;* | 12b | אֲשֶׁר בִּשְׁעָרֶיךָ |

O estrangeiro é chamado de: "o 'teu' estrangeiro que (está) dentro dos teus portões". O carinho especial que YHWH tem pelos estrangeiros, pelos órfãos e pelas viúvas revela-se de forma extraordinária nessas exortações professadas por Moisés[323]. No Livro de Deuteronômio se repete as palavras: órfão, viúva e estran-

---

320. WIERSBE, W.W. *Comentário bíblico-expositivo*, p. 587.

321. "A leitura da lei tinha um propósito didático, o de infundir o temor e a decisão de observar em todos os cidadãos de Israel, incluindo as mulheres e as crianças. Assim, as crianças ficavam sujeitas a essa influência benéfica. Além disso, os estrangeiros residentes também eram instruídos." (SÁNCHEZ, E. *Comentário bíblico Iberoamericano Deuteronomio*, p. 441). "O Targum de Jonatham diz que todos tinham o dever de amar e honrar a lei, exaltando-a e renunciando à idolatria" (CHAMPLIN, R.N. *O Antigo Testamento interpretado*: Versículo por versículo, p. 154).

322. "Não é por acaso, então, que Deuteronômio é o único Livro do Pentateuco a usar a raiz do verbo (לְמַד / לִמֵּד), 'ensinar/educar'. Daí em diante, a instituição do estudo da palavra escrita se transformou em um conceito referencial em Israel" (ROITMAN, A.D. *Bíblia, Exegese e Religião*, p. 198).

323. "Peregrinos e estrangeiros em Israel não deveriam ser oprimidos, e sim receber consideração especial por diversas razões: Israel sabia o que era ser estrangeiro, porque foram estrangeiros no Egito (Ex 23,9), estrangeiros tinham direito a interromper seu trabalho, assim como os israelitas naturais (Ex 20,10) etc. Contudo, os peregrinos tinham que receber concessões especiais, porque não desfrutavam de todos os direitos de israelitas nativos. Os estrangeiros poderiam comer a Páscoa do Senhor somente se eles e toda

geiro muitas vezes[324]. Por certo, foram conhecidas e seguidas por Boaz, um exemplo fora do Livro de Deuteronômio que está no Livro de Rt 2,15[325]. E que também, deveria ser seguido por todos os israelitas, já que eles foram estrangeiros na terra do Egito[326].

Quando Israel saiu do Egito e se transformou em uma grande nação conheceu horas felizes e horas amargas. Moisés insiste agora para que se ame o estrangeiro em recordação dos maus dias passados no cativeiro. No entanto, eles (os estrangeiros), precisarão guardar o sábado (Dt 5,14) e as festas nacionais (Dt 16,11.14). Sendo assim, passam a pertencer à comunidade de Israel, tornando-se objeto de especial atenção, como o órfão e a viúva[327].

As referências ao Egito marcam uma preocupação, pois enfatizam o zelo com o estrangeiro, já que o povo de Israel havia sido estrangeiro na Terra do Egito e jamais poderia esquecer este fato. Experiência que se tornou um aprendizado[328]. Por isso, uma frase muito usada no Livro de Deuteronômio e muito importante na educação do povo era "lembra-te que foste escravo no Egito". Muitas foram as ocasiões que o povo foi exortado através desta frase[329].

O Livro de Deuteronômio enfatiza que Israel nunca se esqueça que um dia foi estrangeiro e por isto trate bem o estrangeiro. Seria possível esquecer a opressão e o sofrimento vivido no Egito até alcançar a libertação? Como esquecer as maravilhas que YHWH operou na travessia do Mar de Juncos e a festa da Páscoa? Como não lembrar as graças de YHWH no Monte Horeb/Sinai? O maná que saciou a fome (Dt 8,3.16)? O rochedo de onde brotou água e saciou a sede de muitos (Dt 6,16; 9,22; 33,8)[330]?

---

a sua casa se submetessem à circuncisão (Ex 12,48-49)" (*Bíblia de estudo palavras-chave hebraico e grego*, p. 1.584).

324. Dt 14,29; 16,11.14; 24,17.19-21; 26,12-13; 27,19).

325. MANLEY, G.T. *Novo comentário da Bíblia*, p. 67.

326. "A tríade social formada pelo estrangeiro, órfão e viúva, procura realçar os aspectos econômico-sociais, evidenciando o grau de importância exercido por esses grupos humanos, profundamente atrelados ao modo de produção agropastoril, predominante nas sociedades antigas" (FRIZZO, A.C. *A Trilogia Social*, p. 27).

327. MANLEY, G.T. *Novo comentário da Bíblia*, p. 42.

328. Dt 1,27-30; 4,20.34.37.45-46; 5,6.15; 6,12.21-22; 7,8.15.18; 8,14; 9,7.12.26; 10,22; 11,10; 13,6; 15,15; 16,1.3.6; 17,16; 20,1; 23,5; 24,9.18.22; 25,17; 26,5.8; 28,27.60.68; 29,1.15.24; 34,11).

329. Dt 5,15; 10,19; 15,15; 16,12; 24,18.22. Mais do que não esquecer era preciso também transmitir às futuras gerações. O verbo lembrar convida os descendentes de Israel a se voltarem para trás e olharem o passado. E não esquecerem os feitos e prodígios que YHWH fez na vida de Israel. Portanto, "lembra-te" é uma palavra muito importante no Livro de Deuteronômio (15,5; 7,18; 8,2.18; 9,7.27; 15,15; 16,3.12; 24,9.18; 25,17). Os hebreus jamais poderiam esquecer os feitos de YHWH (BROWN, R. *Entendendo o Antigo Testamento*, p. 39).

330. MANLEY, G.T. *Novo comentário da Bíblia*, p. 25.

O cuidado pelos que sofreram humilhação é um dos pontos mais acentuados do Livro de Deuteronômio, visto que, YHWH olhou para o povo no cativeiro e agora espera que eles olhem para os desfavorecidos, inclusive "o 'teu' estrangeiro". Que contraste entre os códigos do Egito e da Babilônia. No Egito, os hebreus foram explorados em uma vida de escravidão; na Babilônia tiveram oportunidade de trabalhar e progredir, também tiveram liberdade para cultuar o seu Deus, contudo, estavam fora de sua terra natal, em um cativeiro. Mas, no código da aliança com YHWH tudo é bem diferente: "Há uma espécie de generosidade na Lei de YHWH que não se pode encontrar em qualquer outro código humano"[331]. Porque YHWH é puro amor.

3.3.2 Para ouvir a Lei e aprender a temer a YHWH (v. 12cde)

| *para que ouçam* | 12c | לְמַעַן יִשְׁמְעוּ |

"Entre as conjunções mais importantes para expressar finalidade temos a forma לְמַעַן, da qual a modalidade final está expressa pela preposição לְ"[332]. A conjunção está localizada nos segmentos 12cd e foi traduzida pela expressão "para que", determinando a finalidade da leitura da Lei[333]. A conjunção é especialmente usada para expressar finalidade, mas também pode ser usada com valor consecutivo[334].

No v. 12c se tem o verbo שָׁמַע, o seu significado vai além de "ouvir", porque está se tratando da Lei de YHWH. Portanto, é ouvir com inteligência, com implicação de atenção e de obediência. O verbo encontra-se no *yiqtol*, terceira pessoa do masculino plural: "ouçam" (יִשְׁמְעוּ)[335]. Quando Israel se reuniu no Monte Horeb/Sinai, YHWH fez com que eles ouvissem as suas palavras (Dt 4,10). Foi o momento da primeira aliança, em que os Dez Mandamentos foram apresentados por YHWH ao seu povo como regra de vida.

---

331. MANLEY, G.T. *Novo comentário da Bíblia*, p. 11 e 52.

332. JOÜON, P.; MURAOKA, T. *Gramática Del Hebreo Bíblico*, p. 676.

333. "Esta partícula pode ter valor causal, final ou consecutivo. Constrói-se com nome, pronome, com verbo infinitivo ou finito" (ALONSO SCHÖKEL, L. לְמַעַן. In: *Dicionário bíblico hebraico-português*, p. 391).

334. JOÜON, P.; MURAOKA, T. *Gramática Del Hebreo Bíblico*, p. 678.

335. Como foi dito o verbo – יִשְׁמְעוּ – pode significar: 'ouvir', 'escutar', 'obedecer'; três termos relevantes para o estudo e a análise do texto em exposição. "O verbo שָׁמַע é empregado cerca de 1.050 vezes no *qal, niphal, piel* (duas vezes) e *hiphil*. Acham-se cognatos em acadiano, aramaico, árabe, ugarítico e etíope. A ideia básica é a de notar uma mensagem ou simplesmente um som. São sinônimos: *qāshab* (*hiphil*) 'dar atenção', 'estar atento'; *'āzan* 'dar ouvidos' (um verbo denominativo de *'ōzen* 'ouvido', 'orelha') e *'ānâ* 'responder'" (AUSTEL, H.J. שָׁמַע. In: HARRIS, R.L.; ARCHER, G.L.; WALTKE, B.K. *DITAT*, p. 1.586).

O verbo basicamente significa ouvir, mas dependendo do contexto pode expressar várias conotações ao lado dessa acepção. O uso mais famoso desta palavra é para introduzir o שְׁמַע: "Ouve, Israel", seguido pelo conteúdo daquilo que os israelitas devem entender acerca de YHWH, seu Deus, e sobre como devem responder a Ele (Dt 6,4). Em um uso paralelo, os céus são convocados: "Ouvi, ó céus!" A ordem é para os céus ouvirem a mensagem do profeta acerca de Israel (Is 1,2). A palavra chama a atenção para ouvir várias coisas: significa ouvir uma outra pessoa falando (Gn 27,6); a voz do Senhor (Gn 3,10); ou qualquer coisa que possa ser percebida com o ouvido[336].

Mas a palavra ouvir também significa obedecer[337], ao passo que obedecer significa escutar de perto. De forma metafórica: encostar o ouvido na boca de quem fala para compreender exatamente o que está sendo dito. É preciso que as palavras penetrem a mente e o coração e lá fiquem fixadas, transformando a vida a partir do aprendizado, através de uma dinâmica pedagógica que só YHWH é capaz de realizar.

Nesse sentido, a Torá torna-se uma sabedoria, uma crença e um estilo de vida, para tal é preciso a pureza nos corações e nas atitudes. Como revelação do desejo e planejamento do Criador, a Torá é a própria essência da pureza. As palavras da Torá devem ser "a nossa vida e a duração dos nossos dias"[338].

e para que aprendam 12d וּלְמַעַן יִלְמְדוּ

No v. 12d se tem o verbo יִלְמְדוּ, que no *qal* significa "aprender" e no *piel* "ensinar". O verbo לָמַד, no AT, indica a ação de ensinar e traduz a noção de treinar, bem como de educar. O ugarítico *lmd* significa "aprender/ensinar", e em acadiano *lamādu* tem o sentido de "aprender"[339]. Na forma intensiva ou factiva a raiz assume o significado de partilhar ensinamento. O verbo significa, simplesmente, ensinar (2Cr 17,7-9) ou ensinar pessoas ou coisas; o Senhor ensinou ao seu povo (Jr 31,34) os seus decretos e leis (Dt 4,1)[340].

---

336. *Bíblia de estudo palavras-chave hebraico e grego*, p. 1.978.

337. Segundo MANLEY, G.T. (*Novo comentário da Bíblia*, p. 19): Alguns exemplos em que o verbo ouvir assume a conotação de obediência com certas construções no hebraico: Ele pode significar atender a um pedido ou ordem, como o pedido de Abraão a respeito de Ismael (Gn 17,20); o Senhor ouviu a oração de Agar e lhe concedeu um filho (Gn 16,11; 30,6). O verbo significa obedecer em vários outros contextos (Gn 3,17; 22,18; Ex 24,7; 2Rs 14,11).

338. BUNIM, I.M. *A Ética do Sinai*, p. 609.

339. KAISER, W.C. לָמַד. In: HARRIS, R.L.; ARCHER, G.L.; WALTKE, B.K. *DITAT*, p. 790-791.

340. *Bíblia de estudo palavras-chave hebraico e grego*, p. 1.724.

Embora o grego empregue duas palavras diferentes, ou seja, para "aprender" (μανθανω) e para "ensinar" (διδασκω), cada uma com conteúdo objetivo e método próprios, o hebraico utiliza a mesma raiz para ambas as palavras, "porque toda aprendizagem e ensino repousa, em última instância, no temor do Senhor. Aprender com atenção, isto é, acolher a vontade e a Lei de YHWH"[341].

Aprender a temer a YHWH é o caminho para o bom êxito na vida. Assim como יִלְמְדוּ pertence ao Livro de Deuteronômio e ao Sl 119 na série dos verbos típicos para observar a Lei e aprender a temer a YHWH, como em Dt 4,10; 14,23; 17,19; 31,12-13; da mesma forma Sl 119,7.71.73, também enfatiza o aprender a Lei de YHWH e, principalmente, guardá-la no coração[342].

Na práxis talmúdica, o menino torna-se um "filho do mandamento ou do preceito" (בַּר מִצְוָה) – sujeito às prescrições da Lei – com a idade entre doze e treze anos[343]. A idade do serviço militar é fixada em vinte anos por Nm 1,3. A educação e a instrução dos filhos é, totalmente, da responsabilidade dos genitores, constituía um dever tanto do pai como da mãe ensinar os filhos. Não havia uma instrução estabelecida antes da instituição da sinagoga. No período primitivo, a autoridade do pai era absoluta[344].

Era dever dos pais, antes de tudo, ensinar às crianças a Lei de YHWH, pois nada lhes poderia ser mais útil, e, pela mesma razão, apresentar-lhes os benefícios que são devedores a YHWH e a maneira como foram libertas do Egito, a fim de que sejam gratas pelos favores do passado e, assim, possam receber outros no futuro[345].

A Lei estabelece o dever dos filhos de honrar os pais (Ex 20,12; Lv 19,3; Dt 5,16); esse dever incluía o respeito e a obediência e era recompensado por uma longa vida. YHWH levou Israel como um homem leva o seu filho (Dt 1,31) e foi quem ensinou Israel a andar (Os 11,3)[346]. Assim sendo, pode-se compreender que Israel passa a formar uma verdadeira família com seu Criador.

| *e temam a YHWH, o vosso Deus* | 12e | וִירֵאוּ אֶת־יְהוָה אֱלֹהֵיכֶם |

O v. 12e traz o verbo "temer" (יְרֵאוּ.), ou seja, temer no sentido de respeito e reverência, pois YHWH é um Deus de amor. Mas o não cumprimento da Lei

---

341. KAISER, W.C. לָמַד. In: HARRIS, R L.; ARCHER, G.L.; WALTKE, B.K. *DITAT*, p. 791.

342. JENNI, E.; WESTERMANN, C. *Theological Lexicon of the Old Testament*, p. 832.

343. Como é indicado também por Lc 2,42.

344. McKENZIE, J.L. Filho. In: *Dicionário Bíblico*, p. 349.

345. JOSEFO. F. *História dos Hebreus*, p. 220.

346. McKENZIE, J.L. Filho. In: *Dicionário Bíblico*, p. 349-350.

poderia transformar esse temor em sentimento de medo e insegurança, porque YHWH se afasta do povo quando ele não é fiel à sua Lei (Dt 1,41-46).

Na pedagogia de YHWH existe bênçãos e maldições. YHWH, como Pedagogo, conduz Israel para uma vida repleta de bênçãos, mas esse povo obstinado e desobediente se desvia com frequência do cumprimento de suas obrigações diante da aliança com YHWH, com isso acaba atraindo para si as maldições.

A aliança pode ser considerada um recurso pedagógico que foi utilizado por YHWH dentro da didática aplicada para a formação integral de Israel. A aliança lembra os antigos tratados hititas, mas apresenta uma questão primordial: "ser vassalo de YHWH era uma perspectiva impressionante, pois acarretava na recompensa mais alta ou na condenação mais séria"[347].

Obedecer a sua Lei é sinal de temor. O temor, porém, é a síntese da observância de todas as normas e preceitos de YHWH. A raiz verbal ירא em Lv 19,3 trata-se de temer os pais no sentido de respeito, honra, atitudes que indicam o sentido de obedecer (Pr 1,8). Em relação a YHWH se pode constatar que é o respeito que se manifesta na obediência à sua Lei.

Este é o temor que YHWH espera de cada membro do seu povo. "E temam a YHWH, o vosso Deus", esta frase, estrategicamente, é repetida em diversos textos de Deuteronômio[348]. Exigia-se um sentido de temor reverente e filial para com YHWH, assim como um sentimento de amor respeitoso (Lv 19,3). O elemento do temor poderá desaparecer (Dt 9,9-13), o da reverência fica[349]. O temor é o ponto alto da pedagogia de YHWH, é o ponto crucial para o pleno cumprimento da aliança. O temor se manifesta no reconhecimento da unicidade e da soberania de YHWH.

O propósito da leitura da Lei é tríplice e retoma temas característicos do Livro do Deuteronômio: Ouvir, aprender e temer. É tudo que YHWH espera de Israel, sua obediência como prova de reverência e amor[350]. Mas, em contrapartida, Israel responde de forma negativa[351].

Há um apelo ao aprendizado da Lei em conformidade com o temor a YHWH, temor este que diante de um bom relacionamento se transforma em re-

---

347. ZUCK, R.B. *Teologia do Antigo Testamento*, p. 85.

348. Dt 6,24; 8,6; 10,12; 14,23; 17,19; 28,58; 31,13.

349. MANLEY, G.T. *Novo comentário da Bíblia*, p. 21.

350. PAGANINI, S. *Deuteronomio*, p. 427.

351. Segundo ROSE, M. (Deuteronômio. In: RÖMER, T.; MACCHI, J.D.; NIHAN, C. *Antigo Testamento*, p. 274): "A profunda desilusão no tocante à realização de uma obediência sincera e durável se exprime especialmente no motivo da 'dura cerviz', introduzido no Deuteronômio (9,6.13; 10,16; 31,27) e amplamente desenvolvido no Livro do Êxodo (32,9; 33,3-5; 34,9)".

verência. Aprender a temer a YHWH é o caminho para felicidade, e ao mesmo tempo, é o objetivo principal de todo processo de ensino-aprendizagem partilhado pelo maior Pedagogo da história: o Deus de Israel[352].

3.3.3 Para observar a Lei (v. 12f)

e observem   12f   וְשָׁמְרוּ

O verbo "observar" (שָׁמַר), no v. 12f, exprime a atenção cuidadosa que se deve ter com as obrigações de uma aliança, de leis, de estatutos etc. Este é um dos empregos mais frequentes do verbo "observar"[353]. Deve-se assinalar que a observância da Lei de YHWH não devia ser uma questão de mera teoria ou de obediência superficial. Com frequência se acrescenta a expressão "para cumpri-las", como em Ez 37,24[354].

Observar aqui também tem o sentido de guardar, pois a Lei deve ser guardada principalmente no coração. Ela deve ser cuidada e transformada em vida. Deve ser testemunhada, vivida e transmitida. Ouvir com o coração é uma forma de expressar o modo, a partir do qual se aprende verdadeiramente, e dessa forma, o entendimento daquele que aprende pode ir além[355].

Também se pode interpretar a tradução "guardar" no sentido de cuidar da Lei, ou seja, literalmente, cuidar do livro físico. Era preciso preservar esse livro para as futuras gerações, esta era uma das funções dos sacerdotes. Seja no tabernáculo, seja no Templo, deviam cuidar do livro como sentinelas, preservando o material de qualquer tentativa de destruição[356].

---

352. "Em várias passagens, 'temer' e ter uma vida correta estão intimamente ligados, pois são praticamente ideias sinônimas (Lv 19,14; 25,17; 2Rs 17,34; Dt 17,19). É bem possível que esse uso de 'temer' como virtual sinônimo de ter uma vida correta ou piedosa surgiu como resultado de ver o 'temor' – em todos os seus sentidos – como a motivação que produzia a vida justa" (BOWLING, A. ירא. In: HARRIS, R.L.; ARCHER, G.L.; WALTKE, B.K. *DITAT*, p. 655).

353. "E observem – (וְשָׁמְרוּ) – 'cuidar, guardar, observar, prestar atenção' שָׁמַר aparece 420 vezes no *qal*, 37 no *niphal*, 4 no *piel* e *hitpael*. O cognato acadiano *shamāru*, significa: 'ser criado de', 'cuidar de'; o cognato fenício: 'vigiar', 'guardar'; o árabe *samara*: 'vigiar'. O sinônimo mais próximo é *nātsar*: 'vigiar', 'guardar', 'cuidar', 'observar', o qual é usado de forma bastante parecida de שָׁמַר. Existem outros verbos que às vezes se sobrepõem a um dos usos de שָׁמַר, mas que de outra forma são bem distintos" (HARTLEY, J.E. שָׁמַר. In: HARRIS, R.L.; ARCHER, G.L.; WALTKE, B.K. *DITAT*, p. 1.587).

354. Segundo HARTLEY, J.E. (שָׁמַר In: HARRIS, R.L.; ARCHER, G.L.; WALTKE, B.K. *DITAT*, p. 1.588): "Em Pr 4,21 afirma-se que as leis de YHWH devem ser guardadas no coração. Ademais, usa-se a expressão não apenas para designar uma obrigação de obedecer a lei, mas também em referência ao desempenho de uma ocupação sagrada, tal como o sacerdócio (Nm 18,7)".

355. BUNIM, I.M. *A Ética do Sinai*, p. 607.

356. FREITAS, T. *Análise exegética de Nm 18,1-7*, p. 45.

Sendo assim, o sacerdote que foi escolhido e designado para o serviço no santuário tem também a função de guardião, e deve atuar como um guarda que vigia e que por meio do seu trabalho impede o acesso de qualquer pessoa estranha ao tabernáculo (Nm 3,38), expondo, assim, o livro ao perigo. Seu serviço corresponde a guardar e proteger os objetos que somente eles podem manusear (Nm 1,53; 3,28.32)[357].

3.3.4 Para colocar em prática todas as palavras da Lei (v. 12g)

| *para cumprir todas as palavras desta Lei;* | 12g | לַעֲשׂוֹת אֶת־כָּל־דִּבְרֵי הַתּוֹרָה הַזֹּאת |

Para cumprir todas as palavras desta Lei: observar para cumprir, guardar para cumprir sempre com a finalidade de pôr em prática a Lei deixada por Moisés. Esta afirmação é repetida várias vezes, como uma estratégia didática, facilitando o aprendizado através da assimilação e fixação do conteúdo da Lei. Observai, portanto, para agirdes conforme vos ordenou YHWH, vosso Deus. Não vos desvieis, nem para a direita, nem para a esquerda (Dt 5,32)[358]. Não adianta só cuidar e guardar, a Lei deve ser praticada e cumprida, transformando-se em vida[359].

O v. 12g utiliza uma forma enfática "todas" (כָּל), uma partícula muito comum na Bíblia, que ocorre aproximadamente 5.400 vezes no AT. À exceção de umas 800 vezes, todos os demais casos encontram-se em uma relação genitiva com o termo seguinte, expressando então, o sentido de "a totalidade de algo", como indica também o v. 12g: "Todas as palavras desta Lei" (הַתּוֹרָה הַזֹּאת אֶת־כָּל־דִּבְרֵי), que se pode entender da seguinte maneira: quando "palavras de" (דִּבְרֵי) está precedido por "todas" (כָּל), no Livro de Deuteronômio, pretende-se enfatizar a totalidade da Torá[360].

Um exemplo é observado no Sl 9,1, que é uma resposta ao Deus Todo Poderoso. Nele aparece, também, a partícula "todo/todos/toda/todas" (כָּל), enfatizando o compromisso em celebrar de "todo" coração e contar "todas" as maravilhas de YHWH[361].

---

357. DE VAUX, R. *Instituições de Israel no Antigo Testamento*, p. 387.

358. A mesma frase ocorre em Dt 6,3.25; 7,11; 8,1; 11,22; 12,1; 13,18; 15,5; 17,10; 19,9; 24,8; 28,1.15.58; 31,12; 32,46.

359. MANLEY, G.T. *Novo comentário da Bíblia*, p. 27.

360. Dt 27,3.8; 28,58; 29,28; 31,12; 32,46 (OSWALT, J.N. כָּל. In: HARRIS, R.L.; ARCHER, G.L.; WALTKE, B.K. *DITAT*, p. 723).

361. Também se pode lembrar das palavras de Dt 6,5 citadas por Jesus em Lc 10,27: Amarás o Senhor teu Deus com todo o teu coração, com toda a tua alma, com toda a tua força e de todo o teu entendimento

"Para cumprir" (לַעֲשׂוֹת) além das inúmeras ocorrências com o sentido genérico de "fazer", frequentemente o verbo עָשָׂה é empregado com o sentido de obrigação ética. Muitas vezes o povo da aliança recebeu ordens para "fazer" tudo o que YHWH havia ordenado (Ex 23,22; Lv 19,37; Dt 6,18 etc.). Os numerosos contextos em que ocorre esse conceito atestam a importância de uma reação ética favorável diante de YHWH, a qual vai além de uma mera abstração mental e que pode ser transformada em obediência visível mediante um ato palpável[362].

3.3.5 Para que as futuras gerações conheçam a Lei (v. 13abc)

e os filhos deles que não conhecem,   13a   וּבְנֵיהֶם אֲשֶׁר לֹא־יָדְעוּ

O v. 13a enfatiza que os que "não conhecem" a Lei de YHWH precisam conhecer, é fundamental que conheçam, pois ninguém ama o que não conhece. O texto está se referindo a segunda geração, pois a primeira, a dos pais terminou seus dias no próprio deserto. Para eles, foram concedidas inúmeras oportunidades e apesar de YHWH ter se revelado não quiseram conhecê-lo[363]. Então, YHWH, atendendo ao pedido de Moisés, dá mais uma chance, mas agora para os filhos, que precisarão corresponder às expectativas de YHWH, para isso é fundamental que conheçam e cumpram a Lei.

Como foi visto, a locução negativa "não conhecerão" (לֹא־יָדְעוּ) está determinando que os filhos ainda não conhecem, mas precisam conhecer. O verbo יָדְעוּ possui inúmeros significados, mas aqui tem o sentido de "conhecer para aprender". A Lei deve ser ensinada aos filhos desde bem cedo.

O verbo corresponde a percepção sensorial, como: "ver", "saber", "conhecer" e toma um objeto direto que aponta diretamente para o sujeito sobre o que se percebe ou se sabe de alguma coisa. O conteúdo do que se percebe ou conhece, geralmente, é expresso na frase seguinte[364].

"A visão precede o conhecimento"[365]. Os dois órgãos, visão e audição, costumam acompanhar o verbo "conhecer" (ידע). Para conhecer é preciso ver e ouvir,

---

(DOMERIS, W.R. כָּל. *NDITEAT* [vol. 2], p. 656).

362. McCOMISKEY, T.E. עָשָׂה. In: HARRIS, R.L.; ARCHER, G.L.; WALTKE, B.K. *DITAT*, p. 1.179.

363. "Os significados de ידע são difíceis de serem relacionados entre si. Eles variam da percepção sensorial para o processo intelectual, para habilidade prática, para atenção cuidadosa, para relacionamento íntimo e para intimidade física. A relação com outros verbos nesse campo semântico é difícil. É provável que a precisão na nuança não deva ser buscada em tais palavras isoladamente; apenas o contexto possibilita que algumas distinções surjam" (FRETHEIM, T.E. ידע. *NDITEAT* [vol. 2], p. 409).

364. JOÜON, P.; MURAOKA, T. *Gramática Del Hebreo Bíblico*, p. 630.

365. FRETHEIM, T.E. ידע. *NDITEAT* [vol. 2], p. 409.

como sugere a semântica do verbo[366]. Na percepção intelectual o coração é o lugar do conhecimento. Isso varia desde a noção básica até a percepção, a aprendizagem, o discernimento, a consideração cuidadosa e o bom julgamento[367].

Ouçam   13b   יִשְׁמָעוּ

No v. 13b aparece somente o verbo "ouçam" (יִשְׁמָעוּ). Este verbo aparece duas vezes no texto (vv. 12c 13b), indicando a importância de "ouvir", e reafirmando, insistentemente, o apelo de Moisés para que ouçam, e ouvindo aprendam, e aprendendo temam, e assim cumpram os mandamentos de YHWH, pois no processo de ensino-aprendizagem é preciso ter uma pré-disposição ao aprendizado. É preciso ouvir atentamente para aprender, e aprendendo de coração, prestar toda a reverência que é devida a YHWH.

Importante perceber que no v. 13a acontece a mudança de sujeito, agora, o sujeito passa a ser "e os filhos deles", e permanecerá como sujeito também dos seguintes verbos: "ouvir" (יִשְׁמָעוּ), v. 13b; "aprender" (לָמְדוּ) e "temer" (לְיִרְאָה), v. 13c.

Como se sabe, o objetivo pedagógico e religioso do livro é construir a Lei na vida de Israel para perpetuidade, com o benefício adicional para aqueles que não conheceram a Lei anteriormente (v. 13a), pois não podem deixar de conhecê-la. Os versículos 12 e 13 delineiam um objetivo educacional, resultando em diferentes padrões de comportamento. Acontece um diferencial: o grupo adulto no v. 12, incluindo os estrangeiros, devem ouvir, a fim de aprender, temer e finalmente cumprir todas as palavras desta Lei, ao passo que no v. 13, seus filhos, que não conhecem, são obrigados apenas a ouvir e aprender a temer YHWH, talvez porque sejam menos responsáveis nesse estágio de vida (Dt 6,20-25)[368].

e aprendam a temer a YHWH, vosso Deus,   13c   וְלָמְדוּ לְיִרְאָה אֶת־יְהוָה אֱלֹהֵיכֶם

---

366. "Importante saber que no AT a semântica do verbo conhecer vai além de um conhecimento intelectual: o conhecimento é obtido por meio da experiência, especialmente pela visão e pela audição. Isso assume uma capacidade auditiva e visual, tanto por parte de YHWH como por parte dos homens. Os verbos para visão geralmente precedem ידע; pois a visão precede o conhecimento. O inverso também é comum; pode ser um conhecimento que abre os olhos para se ver mais claramente. Os verbos para audição também precedem ידע, quer para YHWH, quer para os homens" (FRETHEIM, T.E. ידע. *NDITEAT* [vol. 2], p. 409).

367. "Contudo, o coração deve decidir se o conhecimento deve ou não ser obtido. Tal coração capacita a pessoa a incorporar as percepções dentro de um campo mais amplo de experiência e processá-las para propósitos de julgamento e de ação responsáveis. O coração compreensivo permite a avaliação e a ordenação das experiências de tal maneira que corresponda à vontade de Deus para a vida (Dt 4,39; 30,1). A percepção externa não levará ao conhecimento do valor, se o coração não estiver adequadamente afinado do Ex 7,23; 9,21" (FRETHEIM, T.E. ידע. *NDITEAT* [vol. 2], p. 410).

368. WOODS. E.J. *Tyndale Old Testamenty Commentaries*, v. 5, p. 303.

No v. 13c aparecem novamente os verbos "aprender" e "temer" (יָרֵא / לָמַד) enfatizando a importância de aprender a Lei, para assim, temer a YHWH com toda a reverência que a ele se deve dar; compreendendo os seus propósitos e cumprindo os seus mandamentos, agora se referindo "aos que não conhecem", aos filhos.

Nota-se que o v. 13c reitera as ideias dos versículos anteriores, embora salientando que era necessário que as crianças também recebessem a palavra. O coração dos filhos deve ser conquistado desde bem cedo, e o memorial especial da aliança seria uma excelente maneira de alcançar esse objetivo. Os filhos que não tivessem ainda conhecimento da Lei, conforme diz o texto sagrado, mostrariam-se especialmente receptivos, evitando assim de se envolverem com a idolatria e com outros elementos do paganismo. Chegaria, assim, o dia em que os filhos herdariam a Terra Prometida de seus pais, e a continuidade da ocupação da terra estaria garantida mediante uma educação religiosa dada desde a primeira infância[369].

A vocação de Israel como uma nação separada para YHWH devia dar testemunho da majestade e da glória de seu Senhor, em contraste com a degradante idolatria dos pagãos[370]. Israel deveria manter a fidelidade ao Deus único, pois conhecia a Lei sobre as bênçãos e as maldições previstas para a desobediência. Conhecendo a Lei fica a escolha de cada um qual caminho tomar.

Assim, Moisés, como bom mestre e pedagogo, pôde interpretar no Livro de Deuteronômio a Torá sinaítica, também, seu sucessor Josué junto aos sacerdotes e anciãos depois de sua morte puderam assumir a tarefa da interpretação e ensino da Lei, e assim, contribuíram, também, como pedagogos na formação de Israel[371].

3.3.6 Para praticar a Lei todos os dias da vida sobre a terra (v. 13d)

todos os dias	13d	כָּל־הַיָּמִים
que vós vivereis sobre a terra,		אֲשֶׁר אַתֶּם חַיִּים עַל־הָאֲדָמָה

A tradução da partícula "que" (אֲשֶׁר): tem o sentido consecutivo e pode ser usada para juntar uma sentença secundária (v. 13d) a uma sentença principal (v. 13ab), mesmo quando não há verbo regendo um acusativo[372].

---

369. CHAMPLIN, R.N. *O Antigo Testamento interpretado: Versículo por versículo*, p. 154-155.

370. MANLEY, G.T. *Novo comentário da Bíblia*, p. 22.

371. OTTO, E. *A Lei de Moisés*, p. 96.

372. JOÜON, P.; MURAOKA, T. *Gramática Del Hebreo Bíblico*, p. 631.

No v. 13d o substantivo plural חַיִּים significa "vivos", "viventes", também pode traduzir a ideia de "vida" ou "duração da vida". É um plural de intensidade[373], que indica "vida como uma ideia abstrata, significando o estado de estar vivo em contraste com o estar morto. É a vida no que tem de melhor, é saúde, é vida sem fim"[374]. Por isso, foi interpretado como uma forma verbal "vivereis", harmonizando o contexto da perícope e enfatizando, assim, a nova vida que será vivida na posse da Terra Prometida e que em conformidade com os preceitos de YHWH se torna uma vida sem fim[375].

O substantivo "vivo", "vivente" (חַי) é usado frequentemente como epíteto de Deus (Js 3,10; Os 2,1; Sl 42,3), mas também em relação aos homens, aos animais e a vegetação em contraste com aquilo que está morto ou seco[376]. O plural do substantivo חַי é חַיִּים. É uma palavra usada para se referir ao estado da vida em oposição ao da morte. Este significado acha-se em Dt 30,15: "Vês aqui, hoje te tenho proposto a vida e o bem, a morte e o mal"[377].

Na Torá, o verbo חיה em suas várias formas significa "vida", no sentido físico do termo. As pessoas, bem como as outras criaturas, vivem, sobrevivem, e são poupadas da destruição iminente. Em vários exemplos, tanto a forma nominal como a verbal contrastam com "morte". Vida e morte são vistas, claramente, como estados opostos[378].

Olhando para Dt 30,19, em que se diz: "Hoje tomo os céus e a terra como testemunho contra vós: Eu te propus a vida ou a morte, a bênção ou a maldição. Escolhe, pois, a vida, para que vivas tu e tua descendência". Através desse texto, pode-se entender o sentido de חַיִּים no v. 13d, que "vida" supõe "bênção", enquanto "morte" significa "maldição". Sendo assim, o termo חַיִּים pode significar a duração da vida ou a vida enquanto bem-estar na terra que será dada por YHWH[379].

O substantivo feminino אֲדָמָה [380] que significa lama, chão, terra, barro. No sentido restrito da palavra, designa a terra ou o barro que YHWH usou para for-

---

373. CHAVEZ, M. *Diccionario de Hebreo Biblico*, p. 172.

374. YAMAUCHI, E. חַיִּים. In: HARRIS, R.L.; ARCHER, G.L.; WALTKE, B.K. *DITAT*, p. 457.

375. "Vivereis" também pode ter o sentido de vida eterna. Todas as palavras de YHWH nos sustentam, são como 'pão da vida' (Dt 8,3) que sustentam para a vida eterna (Mt 19,17; Jo 6,63) (MANLEY, G.T. *Novo comentário da Bíblia*, p. 19).

376. YAMAUCHI, E. חַיִּים. In: HARRIS, R.L.; ARCHER, G.L.; WALTKE, B.K. *DITAT*, p. 457.

377. VINE, W.E. Viver. In: *Dicionário Vine*, p. 333.

378. BRENSINGER, T.L. חיה. *NDITEAT* [vol. 2], p. 106.

379. ALONSO-SCHÖKEL, L. חַיִּים. In: *Dicionário bíblico hebraico-português*, p. 215-216.

380. "A terra, (הָאֲדָמָה) 'terra', 'solo', 'chão'. Algumas traduções têm dificuldade de decidir qual a opção adequada em português. Originalmente, a palavra tinha o sentido de solo vermelho. A partir daí veio a denotar qualquer solo cultivado ou cultivável. Às vezes o termo aproxima-se do sentido de 'terra natal'

mar o homem (Gn 2,7). O substantivo pode também carregar uma conotação universal, próximo do significado comum de אֶרֶץ: mundo (Am 3,2), à Terra do Egito (Ex 10,6), a uma terra de exílio (Am 7,17) e, mais comumente, à Terra de Israel (Ex 20,12; Nm 11,12; Dt 4,10.40). A maioria dessas referências pertencem a declarações que proporcionam longevidade na Terra Prometida[381].

O substantivo pode também carregar uma conotação universal, próximo do significado comum de אֶרֶץ: mundo (Am 3,2), à Terra do Egito (Ex 10,6), a uma terra de exílio (Am 7,17) e, mais comumente, à Terra de Israel (Ex 20,12; Nm 11,12; Dt 4,10.40)[382]. A maioria dessas referências pertencem a declarações que proporcionam longevidade na Terra Prometida[383].

Aos olhos do israelita, a Terra Prometida representava a manifestação mais clara da eleição de Israel; ela era o dom da eleição divina e sua confirmação. Pode--se dizer, pela maneira de se apresentar a terra, que ela se torna "o país escolhido" por YHWH para seu povo. "Terra boa e vasta, terra que mana leite e mel" (Ex 3,8; Dt 26,9)[384].

Praticar a Lei "todos os dias" (כָּל־הַיָּמִים) de sua vida é a condição primordial para a bênção e a tranquilidade ao ingressarem na terra. Considerando o que havia sucedido à geração anterior, Moisés apela fervorosamente para Israel, a fim de que não cometa o mesmo erro, que guarde a Lei e a ponha em prática. Se obedecesse à Lei, viveria e tomaria posse da terra[385].

3.3.7 Para tomar posse da Terra Prometida (v. 13ef)

porque vós atravessareis o Jordão   13e   אֲשֶׁר אַתֶּם עֹבְרִים אֶת־הַיַּרְדֵּן

Porque vós "atravessareis" (עֹבְרִים) o Jordão. A raiz עבר [386] pode ser usada para expressar o fato de que existe algum movimento entre dois lugares. Nessa ca-

---

(Jn 4,2), ainda que provavelmente não em sentido político (embora haja casos como os de Is 14,2; 19,17 e especialmente a expressão quase exclusiva de Ezequiel, 'terra de Israel'). O substantivo אֲדָמָה ocorre 224 vezes no AT" (COPPES, L.J. אֲדָמָה. In: HARRIS, R.L.; ARCHER, G.L.; WALTKE, B.K. *DITAT*, p. 14).

381. GRISANTI, M.A. אֲדָמָה. *NDITEAT* [vol. 1], p. 262.

382. Dt 5,16; 7,13; 11,9.21; 12,1; 25,15; 28,11; 30,18.20; 31,13; 32,47; Jr 25,5.

383. GRISANTI, M. A. אֲדָמָה. *NDITEAT* [vol. 1], p. 263.

384. LÓPEZ, F.G. *El Deuteronomio: uma ley predicada*, p. 25.

385. HOFF, P. *O Pentateuco*, p. 258.

386. "A ideia básica desse verbo é a de movimento; como regra, ele indica o movimento de uma coisa ou pessoa em relação a algum outro objeto que está parado, movendo-se ou motivando. Alguns têm dito que a tradução mais simples de עָבַר é passar, mas na verdade isso não cobre os vários sentidos que עָבַר pode trazer consigo. O verbo é empregado cerca de 550 vezes no AT" (VAN GRONINGEN, G. עָבַר. In: HARRIS, R.L.; ARCHER, G.L.; WALTKE, B.K. *DITAT*, p. 1.070).

tegoria encontram-se as inúmeras referências a Israel quanto ao fato de atravessar o Jordão a fim de entrar na Terra Prometida[387].

A partícula relativa אֲשֶׁר foi traduzida por uma conjunção causal[388], pois está ligada à oração anterior da qual se denota a necessidade de explicar a causa de "vivereis sobre a terra". Observe que as duas orações seguem a mesma estrutura sintática, sendo que a partícula relativa אֲשֶׁר do v. 13e foi traduzida por "porque", pois se trata de uma oração coordenada sindética explicativa. Enquanto em 13d se trata da partícula relativa "que" dentro de uma oração subordinada adverbial temporal.

Como regra, as conjunções são usadas em várias combinações para introduzir cláusulas causais. As conjunções causais mais comuns são כִּי e אֲשֶׁר, que podem ser traduzidas por: "porque", "por conta do fato de que"[389].

Como se vê as várias nuances da causalidade são geralmente expressas por meio de partículas relativas. A conjunção mais comum é כִּי, mas a partícula relativa אֲשֶׁר também possui essa característica, principalmente quando se encontra em uma oração que tem função explicativa[390].

Aos olhos de Israel, a herança dada por YHWH – a terra – era uma manifestação clara do amor e da eleição divina. A terra possui um sentido profundo na fé e na vida do povo eleito. Em Dt 8,7-18 encontra-se uma das descrições mais importantes e uma das reflexões mais profundas de todo o AT sobre a terra[391].

| *para ali, tomar posse dela.* | 13f | שָׁמָּה לְרִשְׁתָּהּ: פ |

"Tomar posse dela" (רִשְׁתָּהּ), enfim, tomar posse da Terra Prometida. Esta é mais uma frase que estrategicamente é repetida inúmeras vezes no Livro de Deuteronômio, com a finalidade de alcançar seu objetivo pedagógico[392]. Faz parte da metodologia do Livro de Deuteronômio, e ao mesmo tempo, é uma dinâmica pedagógica de YHWH nesse processo de ensino-aprendizagem, a fixação do conteúdo a ser assimilado por completo.

---

387. VAN GRONINGEN, G. עָבַר. In: HARRIS, R.L.; ARCHER, G.L.; WALTKE, B.K. *DITAT*, p. 1.070.

388. ALONSO-SCHÖKEL, L. אֲשֶׁר. In: *Dicionário bíblico hebraico-português*, p. 83.

389. GESENIUS, H.F.W.; KAUTZSCH, E.; COWLEY, A.E. *Gesenius' Hebrew Grammar*, p. 492.

390. JOÜON, P.; MURAOKA, T. *Gramática Del Hebreo Bíblico*, p. 679-680.

391. "Neste relato alternam-se uma série de fórmulas de tipo hínico com outras de caráter parenético, formando uma unidade com duas partes: a primeira (vv. 7-10) encontra-se delimitada pela expressão 'terra boa' e a segunda (vv. 11-18) inicia e termina com exortações paralelas a não esquecer (v. 11) e lembrar-se (v. 18) de YHWH" (LÓPEZ, F.G. *O Pentateuco*, p. 252).

392. Dt 2,31; 3,28; 4,1.5.14; 6,1; 9,5.23; 10,11; 11,11.29; 23,21.

A promessa foi feita a Abraão e agora a Israel, constava em estabelecê-los em uma terra cuja meta principal do povo era reconquistar a terra da aliança que foi estabelecida entre YHWH e o patriarca Abraão: a terra onde mana leite e mel.

Quando Jacó e seus filhos partiram para o Egito devido a uma grande fome que assolou a região, eles eram apenas um grupo composto por setenta pessoas (Gn 46,27; Ex 1,5). Quatrocentos anos depois eles saem do Egito de volta à sua terra, agora formam uma nação, e saem do Egito com cerca de seiscentos mil homens (Ex 12,37). "Como as estrelas dos céus!" (Dt 1,10), uma expressão de uso frequente para aludir à multiplicação extraordinária do povo de Israel, mas também se reporta a promessa feita a Abraão sobre uma grande descendência[393].

No passado a aliança aconteceu com os patriarcas, agora, a aliança é feita através de Moisés no Horeb/Sinai e renovada em Moab com aqueles que irão tomar posse da terra, os nascidos no deserto.

O caminho se tornou longo e árduo devido à desobediência da geração que saiu do Egito. Eles estavam prestes a entrar na terra, mas vacilaram, duvidaram que conseguiriam enfrentar aqueles povos estrangeiros. Pensaram em suas próprias forças e esqueceram que à frente deles estaria YHWH. Sendo assim, foram punidos pela sua incredulidade e tiveram que retornar ao deserto, onde vaguearam por trinta e oito anos até toda aquela geração rebelde perecer[394].

Chega, então, o momento decisivo do cumprimento da promessa. A travessia do Jordão vai representar a porta de acesso à Terra Prometida (Dt 9,1-6). Diante de tudo que aconteceu desde a saída do Egito e os quarenta anos que Israel passou no deserto, percebe-se que esse evento só se concluiu por pura graça de YHWH. Pois, se YHWH fosse levar em consideração tudo que Israel fez e agisse por sua justiça, Israel não possuiria a terra. Mas YHWH agiu pela fidelidade à sua própria palavra, cumpriu o que prometera[395].

Por fim, depois de ver diversas características estratégicas presente na narrativa do Livro de Deuteronômio, que se relacionam diretamente com Israel e com a pedagogia de YHWH, não se pode deixar de falar de uma característica que é muito importante: A sua orientação para o futuro[396]. Isto além de incluir

---

393. CHAMPLIN, R.N. *O Antigo Testamento interpretado*: Versículo por versículo, p. 10.

394. HAYS, J.D.; DUVALL, J.S. *Manual bíblico ilustrado vida*, p. 110.

395. LÓPEZ, F.G. *O Pentateuco*, p. 252.

396. "Moisés, como 'o primeiro e o maior profeta da longa sucessão de profetas', revelou este *insight* sobre o caráter de YHWH e a fragilidade do povo para que estabelecesse o padrão dos acontecimentos futuros. Ao lado disto, como outro dos profetas, ele tece indubitavelmente visões extáticas do futuro" (LIVINGSTON, G.H. *Comentário bíblico Beacon*, p. 428).

a geração que está prestes a entrar na terra, inclui também as futuras gerações (Dt 4,9.40).

Esse tema, em particular, gera tensão por todo o livro, entre a bondade divina ao trazê-los para essa boa terra e a consciência divina de que Israel, não obstante, fracassará. Desse modo, tanto no início quanto no fim do livro, há profecias quanto às maldições que cairão sobre o povo caso desobedeçam. Seu fracasso em cumprir sua parte na aliança resultará na perda da terra e, consequentemente, em um novo exílio[397], mas o amor, grande atributo de YHWH, culminará na restauração de Israel e, consequentemente, em seu retorno à terra por meio de um "segundo êxodo" (Dt 4,29-31; 30,2-10; 32,26-27.36-43)[398].

Dt 30,1-3 é um forte apelo à conversão de Israel. Essas amorosas palavras de YHWH era justamente o que Israel necessitava ouvir na situação de exilados, já que havia novamente perdido a posse da terra. Pelo menos decidiram preservar os ensinamentos pedagógicos – a Lei – como fonte de esperança em um futuro melhor. Tudo deveria servir de advertência para as futuras gerações. Esses escritos ajudaram Israel a reconhecer o erro, preservar a fé e restabelecer o compromisso assumido na aliança, de seguir a Lei do grande Pedagogo: YHWH. Sendo assim, buscaram restaurar a sua identidade nacional, pois precisavam ser luz para o mundo[399].

---

397. Dt 4,25-28; 29,19-28; 30,1; 32,15-25.

398. FEE, G.; STUART, D. Como ler a Bíblia livro por livro, p. 58-59.

399. MILLER, S.M.; HUBER, R.V. A Bíblia e sua história, p. 35.

Considerações finais

O Livro de Deuteronômio passou por um longo processo de formação até chegar à sua forma final e canônica. Um olhar para esse processo mostra que, na sua base, estão tradições orais e escritas, coleções legais, narrativas parenéticas em forma de discursos exortativos. Ensinamentos foram registrados para não serem esquecidos e negligenciados. Nesse sentido, a Torá, concluída pelo Livro de Deuteronômio torna-se fonte de sabedoria que alimenta a fé e indica um estilo de vida, pois requer a pureza do coração e a retidão nas atitudes. Como revelação do desejo e planejamento do Criador, a Torá é a própria essência da pureza.

Do ponto de vista histórico, com o nascimento do judaísmo, a Torá passou a ter uma grande função pedagógica: formar as futuras gerações, a fim de que a experiência do exílio marcada pela infidelidade e desobediência às leis e à voz dos profetas, não mais se repetisse na história. Admite-se que o conhecimento da Torá, devidamente assimilado, é capaz de determinar o comportamento do povo.

A legislação contida no Livro de Deuteronômio expressa a vontade de YHWH que deve ser observada e obedecida. O livro, porém, não trata de um código judicial em si, mas coloca as leis em função da fé como obediência incondicional do povo a YHWH. As leis atestam ensinamentos que sugerem um estilo de vida diferente, o qual permite receber e desfrutar das bênçãos de YHWH[400].

Com base nisso, deriva uma reflexão pessoal, pois se tem a pretensão de aprimorar o conhecimento através da Palavra de Deus e mostrar que ela pode ser um referencial diante de uma sociedade que parece viver distante de seu Criador, de seus propósitos e de seus ensinamentos. É preciso reaprender a sua mensagem, entender a sua pedagogia e reaplicar a sua dinâmica no ordinário da vida, para então contribuir na construção de um mundo mais justo e fraterno.

---

400. THOMPSON, J.A. *Deuteronômio introdução e comentário*, p. 13.

Ressalta-se, portanto, uma palavra de ordem: obediência. Sobretudo, devido aos aspectos que estão presentes em Dt 31,12 e são repetidos em Dt 31,13: a Lei dada por YHWH, através de Moisés, para que Israel a coloque em prática e viva feliz na Terra de Canaã. Tais aspectos são expressos pelos verbos: ouvir, aprender, temer, observar e cumprir. Esta foi a ordem dada por Moisés aos sacerdotes, filhos de Levi, aos anciãos e, provavelmente, a Josué, pois segundo a narrativa a Torá seguiu com eles para Canaã, a fim de formar as futuras gerações; desta forma a Lei escrita, como elemento facilitador, é o livro didático por excelência posto nas mãos de Josué e dos demais colaboradores.

Em Dt 31,11 está dito: "proclamarás esta Lei aos ouvidos deles". Para a vida do fiel, a obediência a YHWH requer que se fale aos ouvidos; é uma essencial delicadeza do próprio YHWH, mas também é uma delicadeza do fiel "inclinar seus ouvidos", em uma atitude de escuta e obediência à voz do seu Deus.

YHWH é único (Dt 6,4) e, por sua unicidade, fundamenta-se a unicidade de Israel como povo escolhido e sujeito da obediência. Da aliança que se iniciou em Gn 32,28-30, que marcou a história dos pais (Dt 6,10.18), sai o fundamento da própria aliança estabelecida no Horeb/Sinai (Ex 20,22–23,19) e renovada em Moab (Dt 28,69–30,20).

A partir deste ponto de vista, a singularidade de Israel permite que se leia a aliança como um relacionamento que continua a se desdobrar ao longo do tempo e da história, na qual se destaca a fidelidade de YHWH à sua palavra e às suas promessas. YHWH nunca falha e não volta atrás, mantém a sua fidelidade à aliança, ainda que Israel vacile[401].

O Livro de Deuteronômio apresenta uma pedagogia de libertação, salvação e justiça, que foi estabelecida entre YHWH e Israel a partir do Monte Horeb/Sinai. Esta aliança tem Moisés como o principal intermediário, cujo objetivo principal é estabelecer Israel como nação teocrática, tendo Canaã como pátria e como contrato a Torá mediada por Moisés[402].

Sendo assim, verifica-se que o princípio básico do livro é histórico-salvífico, pois se caracteriza pela eleição e formação de um povo que, liberto da escravidão, foi chamado a ser sinal de conversão e salvação, não só para si, mas para os demais povos e nações. Ao escolher Israel como *partner*, YHWH lhe deu total responsabilidade sobre o seu futuro e uma missão diante da humanidade: "Israel como parte de sua vocação e destino tem um papel importante no bem-estar do mundo"[403].

---

401. PAPOLA, G. *Deuteronomio*, p. 22.

402. HARRINGTON, W.J. *Chave para a Bíblia*, p. 218.

403. BRUEGGMANN, W. *Teologia do Antigo Testamento*, p. 568.

E a Terra de Canaã também foi escolhida como sinal, o qual o mundo teria através dela, um vislumbre da soberania universal de YHWH. Sua conquista e ocupação serviriam como protótipo dessa soberania universal. YHWH é o Deus de toda a humanidade. Sendo assim, compreende-se que "Israel foi chamado para agir no palco do mundo como uma nação que representava YHWH"[404].

Desta forma, o Livro de Deuteronômio se apresenta como uma obra fortemente didática, motivada pelo desejo de ensinar/educar. Além disso, a sua pretensão didático-pedagógica tem como ponto de partida a aliança associada à Lei. Os discursos de Moisés, que representam o seu "testamento" e foram pronunciados em seu último dia de vida, dão ênfase à sua despedida que abre novos horizontes para o povo. Seu conteúdo consta de instruções pertinentes para que o povo prossiga a jornada sob o comando de Josué, seu sucessor, e finalize o objetivo do projeto pedagógico formulado por YHWH.

A experiência vivida por Israel na formação de sua história como nação separada para YHWH foi uma trajetória que representou uma grande "escola" de variados aspectos e aprendizados. Nessa longa formação, Israel passou por diversas experiências e adquiriu importantíssimas lições para sua jornada de vida na "nova terra". Israel precisou passar pela "escola" do êxodo, pela "escola" do deserto e pela "escola" da conquista de Canaã. Nessas "escolas", Israel aprendeu o sentido das suas escolhas, pontos importantes para assegurar a proteção da vida, as bênçãos do Deus da aliança e a felicidade de viver na presença de YHWH.

Israel teve tudo que era necessário para viver com dignidade, e teve o principal: era o povo eleito, separado para YHWH. Mas, mesmo assim, desviava-se facilmente se deixando conduzir por falsas concepções. Constantemente murmurava e se esquecia dos feitos de YHWH. Não faltaram orientações, leis, ensinamentos e exemplos – como os exemplos de seu ilustre líder Moisés – capazes de conduzi-los ao aprendizado e ao crescimento como fiéis obedientes à vontade de YHWH e à sua aliança. A vida de Israel foi uma verdadeira "escola", em que era preciso estar sempre atento ao que YHWH queria ensinar, pois sempre ensina aos que estão com o coração aberto e dispostos a aprender.

A fé não consiste apenas em assentir diante de alguma doutrina. Antes de tudo, consiste na confiança que se deve ter em YHWH, e o bom êxito está na obediência. Os que morreram no deserto retratam a triste lembrança da falta de fé em YHWH, consequências da descrença e da recusa em obedecer às suas ordens e observar à sua Lei[405].

---

404. VOGT, P.T. *Interpretação do Pentateuco*, p. 138.

405. CHAMPLIN, R.N. *O Antigo Testamento interpretado*: Versículo por versículo, p. 14.

A continuação dessa história permanece no hoje da vida de cada fiel, seja judeu ou cristão. A importância do estudo acadêmico acerca deste tema se reflete na vida prática de quem professa a fé em Deus e, significativamente, atestará o tipo de sociedade que existe ou está sendo gerada. Sabe-se que YHWH espera do seu povo a prática da justiça, da santidade, do respeito, da obediência e do amor.

Uma atenção para essa pedagogia pode servir de luz para compreender o mundo atual, no qual tantos falam de YHWH, mas na verdade vivem longe dele. Não se trata de um ateísmo teórico, mas prático. Assim, a presença do tema da obediência é implacável para se acentuar que, apesar do ser humano não responder eficazmente ao projeto de YHWH e ao seu compromisso original, YHWH continua amando-o e, em sua divina soberania, continua formando o ser humano na humildade e sabedoria.

A contribuição que o tema pode trazer para o nível sociorreligioso é fundamental, pois o relacionamento – criador, criatura e mundo criado –, gera a harmonia de todas as coisas: uma ecologia integral. O viver bem, desejo original de YHWH para o ser humano, sempre exigirá deste purificação e conversão.

A voz de Moisés ainda ecoa nos ouvidos do povo hoje. O porta-voz de YHWH continua exortando a cada um de forma particular, quando novamente se ouve a Palavra de YHWH sendo proclamada. É o próprio YHWH que convida para uma vida plena e harmoniosa em sua presença.

Dt 31,9-13 é, ao mesmo tempo, antigo e atual, pois: passado, presente e futuro, entrelaçam-se na dinâmica do grande Mestre e Pedagogo, YHWH, e esta dinâmica nunca se torna ultrapassada, pois é sempre atualizada de forma pascal.

Para isso se faz necessário o respeito mútuo e principalmente a obediência a YHWH e à sua vontade; considerando os seus ensinamentos indicados, ao longo da história, através de seus escolhidos: patriarcas, Moisés, Josué, reis, profetas, até chegar na plenitude do tempo com o envio do seu próprio Filho: Jesus, confessado Cristo, Servo obediente por excelência, plenitude e finalidade da Lei (Rm 10,4).

Anexos

Anexo 1: Quanto ao uso do verbo na terceira pessoa

Verbo	Tradução	2ª Pessoa	3ª Pessoa	Infinitivo
וַיִּכְתֹּב	e escreveu		X	
וַיִּתְּנָהּ	e a deu		X	
הַנֹּשְׂאִים	os que levam (Particípio)		X	
נָתַן	deu (verbo implícito)		X	
וַיְצַו	e ordenou		X	
לֵאמֹר	Dizendo			X
בְּבוֹא	quando for			X
לֵרָאוֹת	para se apresentar			X
יִבְחַר	Escolherá		X	
תִּקְרָא	Proclamarás	X		
הַקְהֵל	Congrega	X		
הָיָה	Está (verbo implícito)		X	
יִשְׁמְעוּ	Ouçam		X	
יִלְמְדוּ	Aprendam		X	
וְיָרְאוּ	e temam		X	
וְשָׁמְרוּ	e observem		X	
לַעֲשׂוֹת	para cumprir			X
יָדְעוּ	Conhecem		X	
יִשְׁמְעוּ	Escutem		X	
וְלָמְדוּ	e aprendam		X	
לְיִרְאָה	a temer (com sufixo de 3FS)		X	X
חַיִּים	Vivereis (Particípio)	X		
עֹבְרִים	Atravessareis (Particípio)	X		
לְרִשְׁתָּהּ	tomar posse dela (com sufixo de 3FS)		X	X

Anexo 2: Formação do Livro de Deuteronômio, segundo a "Escola Deuteronomista"[406]

Escola Deuteronomista	Três Períodos	Datação	Composição	Algumas Referências
1ª EDIÇÃO	Antes do Exílio (A partir de 620 a.C.)	Parte mais antiga. Provavelmente algum material deve remontar ao tempo de Moisés, passando por juízes até Reis. (Sécs. XIII – IX a.C.)	12 – 26* (Código Deuteronômico = núcleo primitivo) Dt 31,9-13, pertence à primeira edição do Livro de Deuteronômio. Aqui é a lei (o Código Deuteronômico) que servirá de testemunho contra Israel (v. 26), caso ele se revolte contra YHWH.	A primeira edição da História Deuteronomista abarca o período que vai de Salomão até Josias. (900 – 600 a.C.)
		Reforma de Ezequias (715–687 a.C.) (Sécs. VIII – VII a.C.)	5 – 11 + parte dos capítulos 26 – 27 e + os capítulos 28 – 29.	Durante o reinado de Ezequias (complementos que foram anexados posteriormente)
		Reforma de Josias (640–609 a.C.) (Séc. VII a.C.)	1 – 4	Introdução da época do Rei Josias (complementos que foram anexados posteriormente)

406. STORNIOLO, I. *Como ler o Livro do Deuteronômio*, p. 30-31. PAPOLA, G. *Deuteronomio*, p. 15-20. AZCÁRATE, J.L.L. *Deuteronomio*, p. 24-25. LUZA, N. *Uma introdução ao Pentateuco*, p. 49.

2ª EDIÇÃO	Durante o Exílio (586–538 a.C.)	586–538 a.C. (Séc. VI a.C.)	A 2ª edição não contém textos do Livro de Deuteronômio	A segunda edição abarca desde o tempo da conquista de Canaã até o exílio. (Js, Jz, Sm, Rs)
3ª EDIÇÃO		586–538 a.C. (Séc. VI a.C.)	1–3; 4,41-43; 9,11–10,11; 31,1-8.	Foram acrescentados materiais importantes como elementos históricos.
			10,12 – 11,32; 29,1-28.	Elementos teológicos aprofundando a visão de aliança.
			27; 32 – 33	Material que foi anexado tardiamente, mas talvez sejam mais antigos do que o Livro de Deuteronômio.
4ª EDIÇÃO		586–538 a.C. (Séc. VI)	4,29-40; 28,47-69; 30,1-10.	Acrescenta material para explicar o motivo do exílio, segundo Jeremias e Ezequiel.
5ª EDIÇÃO	Após o Exílio (Até 400 a.C.)	Reforma de Esdras (cerca de 400 a.C.)	Narrações Elohístas→ 31,14-23. Narrações Sacerdotais → 1,3; 32,48-52; 34.	São acrescentadas as narrações Elohístas e Sacerdotais. O Livro de Deuteronômio chega assim à sua fisionomia atual.

Anexo 3: Citações e alusões do texto de Dt no NT[407]

Deuteronômio	Tema	Novo Testamento	Tipo de referência
Dt 1,7	O grande Rio Eufrates	Ap 9,14	Alusão
Dt 1,9-17	Tribunal terrestre e juízo divino	1Cor 6,1-6	Alusão
Dt 2,14	Trinta e oito anos	Jo 5,5	Alusão
Dt 3,11	Unidade de medida	Ap 21,17-18	Alusão
Dt 4,1-2	Fórmula do cânon	Ap 22,18-19	Alusão
Dt 4,11-12	Descrição da teofania	Hb 12,18-19	Alusão
Dt 4,12	Visão da forma de Deus	Jo 5,37	Alusão
Dt 4,24	Fogo devorador	Hb 12,21	Alusão
Dt 4,29	Procurareis e não encontrareis	Jo 7,33-36	Alusão
Dt 4,32	O dia da criação	Mc 13,19	Alusão
Dt 4,35	Unidade do mandamento	Mc 12,31	Citação
Dt 5,9	Punição dos pecados dos pais nos filhos	Jo 9,1-4	Alusão
Dt 5,16-21	Mandamentos	Mc 10,19 Mt 19,18-19 Lc 18,20 Rm 13,8-10	Citação Citação Citação Citação
Dt 5,16	Honrar pai e mãe	Mc 7,10 Mt 15,4	Citação Citação
Dt 5,17	Não matarás	Mt 5,21	Citação
Dt 5,18	Não cometerás adultério	Mt 5,27	Citação
Dt 5,21	Não cobiçarás	Rm 7,7	Citação
Dt 6,4-5	Ouve Israel!	Mc 12,29-33 Mt 22,37 Lc 10,27 1Cor 7,32-35	Citação Citação Citação Citação
Dt 6,4	YHWH é único	Jo 8,54	Alusão
Dt 6,5	Amar a Deus	Mt 22,37	Citação
Dt 6,13	Adorar a Deus	Mt 4,10 Lc 4,8	Citação Citação

---

407. PAGANINI, S. *Deuteronomio*, p. 61-66.

Dt 6,16	Não tentarás a Deus	Mt 4,7	Citação
		Lc 4,12	Citação
Dt 7,2	Odiar o inimigo	Mt 5,43	Alusão
Dt 8,3	Não só de pão	Mt 4,4	Citação
		Lc 4,4	Citação
Dt 9,3	Fogo devorador	Hb 12,29	Alusão
Dt 9,4	Justiça e graça	Rm 10,6-10	Alusão
Dt 9,19	Teofania	Hb 12,21	Alusão
Dt 10,17	Imparcialidade divina	Gl 2,6	Alusão
Dt 10,17	Deus dos deuses	Ap 17,14	Citação
		Ap 19,16	Citação
Dt 11,6	Abrir a boca e engolir	Ap 12,16	Alusão
Dt 13,1	Fórmula do cânon	Ap 21,17-18	Alusão
Dt 13,12-16	Maldições dos inimigos	Gl 1,8-9	Alusão
Dt 15,11	Sempre tereis pobres convosco	Mc 14,7	Alusão
Dt 15,14	Ofertar segundo as bênçãos	1Cor 16,2	Alusão
Dt 17,6	Testemunhas	Jo 5,31-34	Alusão
Dt 17,7	Expulsão da comunidade	1Cor 5,13	Citação
Dt 18, 15-20	Um profeta como Moisés	At 3,22	Alusão
Dt 18,15	Um profeta como Moisés	Mc 9,4-7	Alusão
		Mt 17,5	Citação
Dt 19,15	Duas ou três testemunhas	Jo 8,16-17	Alusão
		2Cor 13,1	Citação
		1Tm 5,19	Citação
Dt 19,16-20	A presença do Senhor	1Cor 5,4	Citação
Dt 19,21	Lei do talião	Mt 5,38	Citação
Dt 20,3	Não ter medo	Hb 12,3	Alusão
Dt 21,23	Todo aquele que é suspenso é maldito	Gl 3,13	Citação
Dt 23,1	Proibição do incesto	1Cor 5,11	Alusão
Dt 23,5	Respeito do sábado	Mc 2,23	Alusão
Dt 23,3-6	Respeito aos votos	Mt 5,43	Alusão
Dt 24,1-4	Regras matrimoniais	1Cor 7,39-40	Alusão

Deuteronômio	Tema	Novo Testamento	Tipo de referência
Dt 24,1-3	Divórcio	Mc 10,4 Mt 5,31 Mt 19,7	Alusão Alusão Alusão
Dt 24,14	Respeito ao povo pobre	Mc 10,19	Alusão
Dt 25,4	Arado de boi	1Cor 9,9	Citação
Dt 25,5	Lei do levirato	Mc 12,19 Lc 20,29-32	Alusão Alusão
Dt 27,20	Incesto	1Cor 5,1-3	Alusão
Dt 27,26	Maldições para aqueles que estão sob a Lei	Gl 3,10	Citação
Dt 28,35	Punição pela idolatria	Ap 16,2	Citação
Dt 29,3	Olhos que não veem	Rm 11,8	Citação
Dt 29,17	Raízes amargas	Hb 12,15	Citação
Dt 29,19-20	O Livro da Lei	Ap 22,18-19	Alusão
Dt 30,4	Retorno do exílio	Mc 13,27	Citação
Dt 30,11-14	Justiça e graça	Rm 10,6-10	Alusão
Dt 31,6.7.13	Sê forte e corajoso!	1Cor 16,13-23 Hb 13,5	Alusão Citação
Dt 32	Cântico de Moisés	1Cor 10	Alusão
Dt 32,4	Deus fiel e santo	Ap 15,3 Ap 16,5	Citação Citação
Dt 32,21	Provocar o Senhor	1Cor 10,22	Citação
Dt 32,35-36	Vingança	Hb 10,30	Alusão
Dt 32,35	A vingança é minha	Rm 12,19	Citação
Dt 32,39	É Deus quem dá e tira a vida	Jo 5,21	Citação
Dt 32,40	Juramento com a mão levantada	Ap 10,5-6	Citação
Dt 32,43	Regozige-se, ó céus! Anjos, adorem	Rm 15,10 Ap 6,10;19,2 Hb 1,6	Citação Citação Citação
Dt 34,10	Conheceu Deus face a face	1Cor 13,12	Alusão

Posfácio

Antes de mais nada, eu gostaria de manifestar minha gratidão e alegria pelo convite para *posfaciar* esta obra da Daise Gomes da Costa, intitulada *A pedagogia de YHWH e o seu povo diante da Lei:* Uma análise de Dt 31,9-13, fruto de suas pesquisas em vista do Mestrado em Teologia Bíblica, junto ao Programa de Teologia da Pontifícia Universidade Católica do Rio de Janeiro (PUC-Rio), seja por sua pessoa, uma mulher apaixonada por Jesus Cristo e pelo valor da Educação, seja pela seriedade de seu trabalho, com metodologia e didatismo cativantes. A beleza de seu trabalho já nos é indicada pelas palavras-chave apresentadas pela própria autora (Livro da Lei, Aliança, Israel, Obediência, Terra Prometida). Por isso, ver os resultados do trabalho e pesquisa da Daise se materializarem em formato livro, sendo disponibilizado ao público em geral, é algo que muito nos alegra e traz novos "insumos" para futuras pesquisas na área bíblica no Brasil, que ganha mais um excelente texto bíblico.

A autora utiliza o Método Histórico-Crítico (método diacrônico) e faz uma análise sincrônica da perícope Dt 31,9-13. Ela leva em consideração pesquisas e trabalhos bibliográficos de vários autores e comentadores do Livro do Deuteronômio e ou temática ligada à perícope trabalhada em sua dissertação, que revela muito bem tanto o objeto material (*Uma análise de Dt 31,9-13*) como o objeto formal de sua pesquisa (*A pedagogia de YHWH e o seu povo diante da Lei*). Se toda a Sagrada Escritura contém um escopo pedagógico, muito mais o *Corpus Pentateucum* por transmitir o projeto de Deus para seu povo e, mais ainda, por conter a Lei do Senhor. Este *corpus* também é chamado de Torá, com valor de Instrução, visando a formação do povo Deus, segundo a vontade do Senhor. Neste *corpus,* valor significativo tem o Livro do Deuteronômio, Segunda Lei, por ser uma renovação da Aliança do Senhor com seu Povo, dando-lhe uma Lei capaz de conduzi-lo em seus caminhos, de formar seu coração e sua cabeça. Para isso, ajudará observar o Decálogo (Dt 5,1-22), escutar a voz do Senhor e amá-lo de todo coração, com toda a alma e com toda a força (Dt 6,4-9), apenas para lembrar dois textos muito importantes para a tradição judaico-cristã, presentes no Livro do Deuteronômio.

Neste sentido, a autora é muito feliz em escolher analisar a perícope Dt 31,9-13, a qual coloca as estratégias que Deus usou para conduzir seu povo pela experiência do Deserto. Como ela mesma afirma, trata-se de um material pedagógico que Deus entregou a Moisés e a todo povo de Israel, para ser transmitido às futuras gerações, como caminho seguro para se entrar na Terra Prometida e na vontade de Deus. Trata-se do Livro da Lei, que tem a função de formar Israel como povo livre, após sua saída do Egito, a casa da escravidão. Um povo chamado a vencer as provações do Deserto em vista da herança da Terra Prometida. O linguajar da autora, ao longo de toda esta obra, é de muita proximidade com o mundo da Educação, da qual ela procede e atua. Bonita a expressão por ela empregada no sentido de afirmar que, na via do povo de Deus, o Deserto entra como "banco de prova", linguajar do mundo escolar-acadêmico para indicar superação e etapas na formação.

Sua análise valoriza um termo muito importante dentro do campo semântico do Pentateuco: a obediência. Por meio dela, o povo conquista as graças do Senhor e pela desobediência, as maldições. A obediência, para ser verdadeira, precisa ser traduzida "em amor e fidelidade ao Deus da Aliança". Neste processo é fundamental entender a lógica da pedagogia de Deus em relação ao povo que Ele "elegeu como sua particular propriedade". A autora deixa claro que a história da relação entre Deus e seu povo sempre teve momentos de altos e baixos, realçados pelo contraste entre a fidelidade de Deus e a infidelidade de Israel, por lembranças e esquecimentos por tudo o que Deus fez em tirar o povo da casa da escravidão, o Egito, e o conduzir rumo à Terra Prometida.

Quando adentramos em sua obra após sua introdução vemos que no primeiro capítulo a autora traz o que ela chama de "Preliminares hermenêuticas", com dados sobre o Livro do Deuteronômio, como autoria, datação e composição; traça um perfil sobre a figura de Moisés, o grande líder, e indica a passagem de Moisés a Josué, como uma pedagogia de liderança. No segundo capítulo, intitulado *Análise exegética de Dt 31,9-13*, apresenta a segmentação e tradução da perícope trabalhada, traz notas de crítica textual, delimitação, unidade e organização do texto, bem como estrutura e gênero literário. No terceiro capítulo, sob o título de "Comentário de Dt 31,9-13", ela se debruça sobre o texto bíblico, comentando-o no que ela chama de as três seções que, na prática, são as três divisões da perícope Dt 31,9-13 e suas subdivisões: Seção A – O Livro da Lei: escrito para ser transmitido (v. 9): Moisés escreve o que YHWH ordena, entrega aos sacerdotes e aos anciãos; Seção B – Moisés ambienta a execução da ordem (vv. 10-11): a ordem que é dada aos destinatários, o tempo e a ocasião para a leitura da lei, a escolha do lugar e a Lei que deverá ser lida não apenas para alguns, mas sim a todo o povo de Israel; Seção C – Ordem abrangente dada por Moisés (vv. 12-13): o ato de congregar Israel com a finalidade de ouvir a Lei e aprender a temer a YHWH, para observar e colocar em prática todas as palavras da Lei, para que também transmitam e façam conhecer às futura gerações, a fim de que pratique todos os dias de suas vidas e tomem posse da Terra Prometida. Enfim, após seus três capítulos, a autora apresenta as conclusões gerais de sua pesquisa, anexos ao tema tratado e a bibliografia consultada, a qual poderá ser muito útil aos interessados em aprofundar ainda mais o tema desta obra, sobretudo pensando ao momento histórico e aos desafios lançados pelo Papa Francisco, com o Pacto Educativo por uma educação integral e que promova a vida de todos os seres humanos, pensando sobretudo aos mais pobres e fragilizados do planeta, nossa casa comum.

Como se percebe, a paixão da autora pela educação está sem seu sangue, coração e cabeça. Não à toa escolheu a perícope Dt 31,9-13 para poder trabalhar um tema ligado à sua história pessoal e vocação no seio da Igreja e do mundo: o campo da Educação. Trabalha com a educação no presente, com a bagagem da experiência passada e com os olhos e preocupação com a formação das gerações futuras. Formar, segundo o coração do Senhor para a prática do bem e da justiça, é seu espoco e vocação. Como mulher de fé, ela tem claro que o caminho se dá pela conformação da vontade humana com a vontade divina. É do encontro das duas vontades que se pode transformar o mundo, a partir e por meio da Educação, direito básico e fundamental de todo ser humano no mundo.

Por todo o mencionado, e por mais as conclusões que cada leitor/a seguramente tirará a partir de sua própria leitura e consulta a este texto, não tenho dúvida em afirmar que esta obra vem agregar valores no campo das pesquisas bíblicas no Brasil, que o Programa de Pós-Graduação em Teologia da PUC-Rio tem oferecido à Área 44 da CAPES: Ciências da Religião e Teologia. É uma valorosa colaboração que é oferecida à Teologia Bíblica e aos Estudos Bíblicos em geral, quando pensamos no campo das Sagradas Escrituras da Tradição judaico-cristã, bem como ao campo do estudo dos Textos Sagrados em geral, em diálogo com o mundo da Educação, visto tratar-se de uma leitura de interface entre Bíblia e Educação. De fato, esta é uma obra que vale a pena ter em nossas bibliotecas, sob muitos aspectos. Sua riqueza de dados e *insights* para novas pesquisas, por si só, já justifica a aquisição e leitura dela. Enfim, eu não poderia deixar de parabenizar o autor pelo livro e ao leitor/a por essa aquisição.

Prof.-Dr. Pe. Waldecir Gonzaga[408]

---

408. Doutor em Teologia Bíblica pela Pontifícia Universidade Gregoriana, Roma, Itália. Pós-doutorado sobre o Cânon Bíblico, pela FAJE, Belo Horizonte, Brasil. Diretor e Professor de Teologia Bíblica do Departamento de Teologia da PUC-Rio. Criador e líder do Grupo de Pesquisa Análise Retórica Bíblica Semítica, credenciado junto ao CNPq. E-mail: <waldecir@hotmail.com>. Currículo Lattes: http://lattes.cnpq.br/9171678019364477 e ORCID ID: https://orcid.org/0000-0001-5929-382X

Referências bibliográficas

ALONSO-SCHÖKEL, L. *Dicionário bíblico hebraico-português*. São Paulo: Paulus, 2014.

ALTER, R. *L'arte dela narrativa bíblica*. Queriniana: Brescia, 1990.

ANDRADE, C. *Geografia bíblica*. Rio de Janeiro: CPAD, 2018.

AUSTEL, H.J. שֶׁמֶטָה. In: HARRIS, R.L.; ARCHER, G.L.; WALTKE, B.K. *Dicionário Internacional de Teologia do Antigo Testamento*. São Paulo: Vida Nova, 1998, p.1.581-1.582.

AUSTEL, H.J. שֶׁמַע. In: HARRIS, R.L.; ARCHER, G.L.; WALTKE, B.K. *Dicionário Internacional de Teologia do Antigo Testamento*. São Paulo: Vida Nova, 1998, p.1.585-1.587.

AZCÁRATE, J.L.L. *Deuteronomio*: Comentarios a la Nueva Biblia de Jerusalén. España: Editorial Desclée De Brouwer, 2009.

BAKER, D.W.; ARNOLD, B.T. *Faces do Antigo Testamento*: Um Exame das Pesquisas mais Recentes. Rio de Janeiro: CPAD, 2017.

BALANCIN, E.M. *História do Povo de Deus*. São Paulo: Paulus, 2005.

BARTON, J.; MUDDIMAN, J. *The Oxford Commentary*. Oxford University Press Bible, 2001.

BENTHO, E.C.; PLÁCIDO, R.L. *Introdução ao estudo do Antigo Testamento*. Rio de Janeiro: CPAD, 2019.

BÍBLIA de Estudo Palavras-chave Hebraico e Grego. Rio de Janeiro: CPAD, 2015.

BÍBLIA de Jerusalém. Nova ed. ver. e ampl. 2. Impr. São Paulo: Paulus, 2003.

BÍBLIA Grega Septuaginta: RAHLFS, A.; HANHART, R. (eds.). *Septuaginta*. Editio Altera. Stuttgart: Deutsche Bibelgesellschaft. 2006.

BÍBLIA Hebraica quinta editione cum apparatu critico novis cu curis elaborato. אלה הדברים Deuteronomy (preparaed by Carmel McCarthy). Stuttgart: Deutsche Bibelgesellschaft, 2007.

BÍBLIA Hebraica Stuttgartensia: ELLIGER, K.; RUDOLPH, W. (Eds.). *Biblia Hebraica Stuttgartensia*. 5. ed. Stuttgart: Deutsche Bibelgesellschaft, 1997.

BÍBLIA Latina Vulgata: WEBER, R.; GRYSON, R. (eds.). *Biblia Sacra Vulgata*. Iuxta Vulgatam Versionem. Editio Quinta. Stuttgart: Deutsche Bibelgesellschaft, 2007.

BÍBLIA Siríaca. *Leiden Peshitta*. Leiden: Peshita Institute Leiden, 2008.

BLENKINSOPP, J. Deuteronômio. In: BROWN, R.E.; FITZMYER, J.A.; MURPHY, R.E. (Eds) *Novo comentário bíblico São Jerônimo Antigo Testamento*. São Paulo: Academia cristã / Paulus, 2013, p. 223-252.

BORN, V.D. Tabernáculo. In: BORN, V.D. *Dicionário enciclopédico da Bíblia*. Petrópolis: Vozes. São Paulo: Paulus / Paulinas / Edições Loyola / Academia Cristã, 1977, c. 1463.

BORN, V.D. Tenda. In: BORN, V.D. *Dicionário enciclopédico da Bíblia*. Petrópolis: Vozes. São Paulo: Paulus / Paulinas / Edições Loyola / Academia Cristã, 1977, c. 1485.

BOWLING, A. יָרֵא. In: HARRIS, R.L.; ARCHER, G.L.; WALTKE, B.K. *Dicionário internacional de Teologia do Antigo Testamento*. São Paulo: Vida Nova, 1998, p. 654-657.

BRENSINGER, T.L. הָיָה. In: VANGEMEREN, W.A. (org.). *Novo dicionário internacional de teologia e exegese do Antigo Testamento*. São Paulo: Cultura Cristã, 2011, v. 2, p. 106-110.

BRIGGS, R.S.; LOHR, J.N. *Introdução Teológica ao Pentateuco*: Uma análise da Torá como Escritura Sagrada. Rio de Janeiro: Acadêmico, 2013.

BROWN, R. *Entendendo o Antigo Testamento*: esboço, mensagem e aplicação de cada livro. São Paulo: Shedd Publicações, 2004.

BRUEGGEMANN, W. *Deuteronomy*. (Abingdon Old Testament commentaries) Includes bibliographical references and index. ISBN 0-687-08471-7 (alk. Paper), 2001.

BRUEGGEMANN, W. *Teologia do Antigo Testamento*: Testemunho, disputa e defesa. São Paulo: Academia cristã / Paulus, 2014.

BUNIN, I.M. *A Ética do Sinai*: Ensinamentos dos sábios do Talmut. São Paulo: Editora Sêfer, 2019.

BUSHELL, M.S. *Bible Works for Windows*. Version 10. Norfolk, Va, Bible Works, LLC, 2015.

CARAGOUNIS, C.C. בֵּן. In: VANGEMEREN, W.A. (org.). *Novo dicionário internacional de teologia e exegese do Antigo Testamento*. São Paulo: Cultura Cristã, 2011, v. 1, p. 649-655.

CHAMPLIN, R.N. *O Antigo Testamento interpretado versículo por versículo*: Deuteronômio. Vol. 2. São Paulo: Hagnos, 2018.

CHAVEZ, M. *Diccionario de Hebreo Biblico*. España: Editorial Mundo Hispano, 1997.

COLEMAN, W.L. *Manual dos tempos e costumes bíblicos*. LINS, M. T. (Trad.). Curitiba (PR): Editora Betânia, 2017.

COPPES, L.J. אֲדָמָה. In: HARRIS, R.L.; ARCHER, G.L.; WALTKE, B.K. *Dicionário internacional de Teologia do Antigo Testamento*. São Paulo: Vida Nova, 1998, p. 13-15.

CRAIGIE, P.C. *Comentários do Antigo Testamento* – Deuteronômio. São Paulo: Cultura Cristã, 2013.

CRÜSEMANN, F. *A Torá*. Petrópolis: Vozes, 2002.

DAVIDSON, B. *Léxico analítico hebraico e caldaico*. São Paulo: Edições Vida nova, 2018.

DE VAUX, R. *Instituições de Israel no Antigo Testamento*. São Paulo: Vida Nova, 2008.

DI SANTE, C. *Liturgia judaica*: Fontes, estrutura, orações e festas. São Paulo: Paulus, 2012.

DOCKERY, D.S. *Manual bíblico vida nova*. São Paulo: Vida Nova, 2001.

DOMERIS, W.R. כָּל. In: VANGEMEREN, W.A. (org.). *Novo dicionário internacional de teologia e exegese do Antigo Testamento*. São Paulo: Cultura Cristã, 2011, v. 2, p. 656-657.

ECHEGARAY, J.G. al et. *A Bíblia e seu contexto*. São Paulo: Ave Maria, 1994.

FABRIS, R. (Org.). *Problemas e perspectivas das ciências bíblicas*. São Paulo: Loyola, 1993.

FAST, H. *Moisés, Príncipe do Egito*. Belo Horizonte: Itatiaia, 1960.

FEE, G.; STUART, D. *Como ler a Bíblia livro por livro*: Um guia confiável para ler e entender as Escrituras Sagradas. Rio de Janeiro: Thomas Nelson Brasil, 2019.

FERNANDES, L.A.; GRENZER, M. *Êxodo 15,22–18,27*. São Paulo: Paulinas, 2011.

FERNANDES, L.A. Teologia, Antropologia e Ecologia em Gn 1,1-2,4a. *Atualidade Teológica*, v. 15, n. 37, p. 27-46, jan/abr, 2011.

FERNANDES, L.A.; GRENZER, M. *Dança, Ó Terra*: Interpretando salmos. São Paulo: Paulinas, 2013.

FERNANDES, L.A. Análise do Salmo 110 e releitura no Novo Testamento, In: *Revista Caminhos*. V. 13, n. 2, jul./dez, 2015, p. 270-288.

FERNANDES, L.A. O êxodo da casa do sogro é prenúncio do êxodo do país opressor (Ex 4,19-23). *Revista de Cultura Teológica*. Ano XXIV, nº 87, Jan/Jun, 2016, p. 133-134.

FERNANDES, L.A.; BATTISTA, G.; ALVAREZ, G.A.B. *Bíblia e Catequese*: Fé em diálogo pela educação e pela paz. Rio de Janeiro: Editora PUC-Rio / Letra Capital, 2017.

FERNANDES, L.A. Reflexão sobre o contexto e a singularidade de Dt 30,11-14. *Revista de Cultura Religiosa*. Ano XXVIII – nº 97 – Set/Dez, 2020, 114 [95-108].

FERNANDES, L.A. *Vida de Oração à luz da Palavra de Deus*. Parte 1 – janeiro a junho. Rio de Janeiro: Letra Capital, 2020.

FERNANDES, L.A. Análise retórica de Dt 30,11-14. *Franciscanum* 176, vol. 63 (2021): 1-19.

FINKELSTEI, I.; SILBERMAN, N.A. *La Biblia Desenterrada*: Una nueva visión arqueológica del antiguo Israel y de los orígenes de sus textos sagrados. España: Siglo Veintiuno de España editores, 2003.

FISHER, M.C. נָתַן. In: HARRIS, R.L.; ARCHER, G.L.; WALTKE, B.K. *Dicionário internacional de Teologia do Antigo Testamento*. São Paulo: Vida Nova, 1998, p.1.017-1.019.

FISCHER, A.A. *O texto do Antigo Testamento*. Barueri (SP): Sociedade Bíblica do Brasil, 2013.

FITZMYER, J.A. *A interpretação da Escritura*. Em defesa do método histórico-crítico. São Paulo: Loyola, 2011.

FRANCISCO, E.F. *Manual da Bíblia Hebraica*: Introdução ao Texto Massorético: Guia Introdutório para a Bíblia Hebraica Stuttgartensia. São Paulo: Vida Nova, 2008.

FRANCISCO, E.F. *Antigo Testamento interlinear hebraico-português*. Vol. 1. Pentateuco. Barueri (SP): Sociedade Bíblica do Brasil, 2012.

FREITAS, T. *Análise exegética de Nm 18,1-7*: funções e serviços dos sacerdotes e levitas. Rio de Janeiro, 2019. 136p. Dissertação. Departamento de Teologia. Pontifícia Universidade Católica do Rio de Janeiro.

FRIZZO, A.C. *A Trilogia Social*: o estrangeiro, o órfão e a viúva no Deuteronômio e sua recepção na Mishná. São Paulo: Edições Fons Sapientiae, 2020.

FREUD, S. *O homem Moisés e a religião monoteísta*. Porto Alegre (RS): L&PM, 2020.

GALVAGNO, G.; GIUNTOLI, F. *Pentateuco*. Petrópolis: Vozes, 2020.

GARDNER, P. *Quem é quem na Bíblia Sagrada*. São Paulo: Editora Vida, 2020.

GESENIUS, H.F.W.; KAUTZSCH, E.; COWLEY, A.E. *Gesenius' Hebrew Grammar*. Oxford: Claredon press, 1910.

GOTTWALD, N.K. *Introdução socioliterária à Bíblia Hebraica*. São Paulo: Paulus, 2011.

GRADL, F.; STENDEBACH, F.J. *Israel e seu Deus*: Guia de leitura para o Antigo Testamento. São Paulo: Loyola, 2001.

GRILLI, M.; PEREGO, G.; SERAFINI, F. *Deuteronomio*: Introduzione, traduzione e comento. Nuova Versione Della Bibbia Dai Testiantichi. Cnisello Balsamo (Milano): San Paolo, 2011.

GRISANTI, M.A. אֲדָמָה. In: VANGEMEREN, W.A. (org.). *Novo dicionário internacional de teologia e exegese do Antigo Testamento*. São Paulo: Cultura Cristã, 2011, v. 1, p. 262-267.

GUNNEWEG, A.H. *Hermenêutica do Antigo Testamento*. São Leopoldo (RS): Sinodal, 2003.

GUSSO, A.R. *O Pentateuco*: Introdução fundamental e auxílios para a interpretação. Curitiba: A.D. Santos Editora, 2017.

HABERSHON, A.R. *Manual de tipologia bíblica*: como conhecer e interpretar símbolos, tipos e alegorias das Escrituras Sagradas. CHOWN, G. São Paulo: Editora Vida, 2018.

HAGUE, S.T. תֵּבָה. In: VANGEMEREN, W.A. (org.). *Novo dicionário internacional de teologia e exegese do Antigo Testamento*. São Paulo: Cultura Cristã, 2011, v. 4, p. 267-270.

HAYS, J.D.; DUVALL, J.S. *Manual bíblico ilustrado vida*. São Paulo: Editora Vida, 2018.

HAMILTON, V.P. *Manual do Pentateuco*. Rio de Janeiro: CPAD, 2019.

HARRIS, R.L. בָּתַך. In: HARRIS, R.L.; ARCHER, G.L.; WALTKE, B.K. *Dicionário internacional de Teologia do Antigo Testamento*. São Paulo: Vida Nova, 1998, p. 754-756.

HARRINGTON, W.J. *Chave para a Bíblia*: A revelação, a promessa, a realização. São Paulo: Paulus, 2014.

HARTLEY, J.E. שָׁמַר. In: HARRIS, R.L.; ARCHER, G.L.; WALTKE, B.K. *Dicionário internacional de Teologia do Antigo Testamento*. São Paulo: Vida Nova, 1998, p.1.587-1.590.

HASEL, G.F. *Teologia do Antigo e Novo Testamento*: Questões básicas no debate atual. São Paulo: Academia Cristã Ltda, 2015.

HENRY, M. *Comentário Bíblico Antigo Testamento*: Gênesis a Deuteronômio. Rio de Janeiro: CPAD, 2018.

HOFF, P. *O Pentateuco*. São Paulo: Editora Vida, 2007.

HOLLADAY, W.L. *Léxico hebraico e aramaico do Antigo Testamento*. São Paulo: Vida Nova, 2010.

ILDEFONSO, E. *Panorama do Antigo Testa*mento: Deuteronômio. Covington Theological Seminary, 1959.

JENNI, E.; WESTERMANN, C. *Theological Lexicon of the Old Testament*. Translated by BIDDLE, M.E. [s.n.], 1975.

JENSON, P. כֹּהֵן. In: VANGEMEREN, W.A. (org.). *Novo dicionário internacional de teologia e exegese do Antigo Testamento*. São Paulo: Cultura Cristã, 2011, v. 2, p. 599-604.

JOHANSSON, C.; HELLSTRÖM, I. *Síntese bíblica do Antigo Testamento*: Pentateuco. Rio de Janeiro: CPAD, 2013.

JOSEFO. F. *História dos Hebreus*. Rio de Janeiro: CPAD, 2019.

JOÜON, P.; MURAOKA, T. *Gramática Del Hebreo Bíblico*. Navarra: Editorial Verbo Divino, 2003.

KAISER, W.C. נָשָׁא. In: HARRIS, R.L.; ARCHER, G.L.; WALTKE, B.K. *Dicionário internacional de Teologia do Antigo Testamento*. São Paulo: Vida Nova, 1998, p. 1.003-1.007.

KAISER, W.C. לָמַד. In: HARRIS, R.L.; ARCHER, G.L.; WALTKE, B.K. *Dicionário internacional de Teologia do Antigo Testamento*. São Paulo: Vida Nova, 1998, p. 790-791.

KESSLER, R. *História social do antigo Israel*. São Paulo: Paulinas, 2010.

KOVADLOFF, S. *O irremediável Moisés e o espírito trágico do judaísmo*. Rio de Janeiro: Editora José Olympio, 2005.

LAMBDIN. T.O. *Introducción al Hebreo Bíblico*. Estella (Navarra), 2001.

LAMADRID, A.G. al. et. História, Narrativa, Apocalíptica. São Paulo: Editora Ave Maria, 2011.

LASOR, W.S.; HUBBARD, D.A.; BUSH, F.W. *Introdução ao Antigo Testamento*. São Paulo: Vida Nova, 1999.

LAWRENCE, P. *Atlas histórico e geográfico da Bíblia*. Barueri, SP: Sociedade Bíblica do Brasil, 2008.

LAWRENCE, R. O. *Guia do leitor da Bíblia*: Uma análise de Gênesis a Apocalipse capítulo por capítulo. Rio de Janeiro: CPAD, 2018.

LEWIS, J.P. אֲרוֹן. In: HARRIS, R.L.; ARCHER, G.L.; WALTKE, B.K. *Dicionário internacional de Teologia do Antigo Testamento*. São Paulo: Vida Nova, 1998, p. 123-124.

LIMA, M.L.C. *Exegese Bíblica*: Teoria e Prática. São Paulo: Paulinas, 2014.

LIMA, M.L.C. *A Palavra de Deus em palavras humanas*: Para ler e compreender a Escritura. São Paulo: Paulinas, 2020.

LINDSAY, G. *Moisés o libertador*. Rio de Janeiro: Graça, 2002.

LINDSAY, G. *Moisés o legislador*. Rio de Janeiro: Graça, 2002.

LINDSAY, G. *Moisés e a igreja no deserto*. Rio de Janeiro: Graça, 2003.

LIVINGSTON, G.H. al et. *Comentário bíblico Beacon*. Rio de Janeiro: CPAD, 2019.

LÓPEZ, F.G. *El Deuteronomio*: uma ley predicada. Estella/Navarra: Verbo Divino, 1989.

LÓPEZ, F.G. *O Pentateuco*: Introdução à leitura dos cinco primeiros livros da Bíblia. São Paulo: Editora Ave-Maria, 2014.

LUND. E.; NELSON, P.C. *Hermenêutica*: princípios de interpretação das Sagradas Escrituras. São Paulo: Editora Vida, 1968.

LUZA, N. *Uma introdução ao Pentateuco*. São Paulo: Paulus, 2019.

MAcARTHUR, J. *Comentário bíblico MacArthur*: desvendando a verdade de Deus, versículo a versículo. Rio de Janeiro: Thomas Nelson Brasil, 2019.

MAcDONALD, W. *Comentário bíblico del Antiguo Testamento*: Deuteronomio. España: Editorial CLIE, 2004.

MANLEY, G.T. *Novo Comentário da Bíblia*: Deuteronômio. DAVIDSON, F. (org.). São Paulo: Vida Nova, 1997.

MANNUCCI, V. *Bíblia, palavra de Deus*: Curso de introdução à Sagrada Escritura. São Paulo: Paulus, 2008.

McCARTHY, C. *Deuteronomy*: Critical Apparatus and Notes (quinta editione). Vol. 5. Stuttgart: Deutsche Bibelgesellschaft, 2007.

McCARTHY, M.S. *Per uma Teologia del Pacto nell'AT*. Marietti: Turim, 1975.

McCOMISKEY, T.E. עָשָׂה. In: HARRIS, R.L.; ARCHER, G.L.; WALTKE, B.K. *Dicionário internacional de Teologia do Antigo Testamento*. São Paulo: Vida Nova, 1998, p. 1.179-1.181.

McCONVILLE, J.G. *Deuteronomy*. Dowers Grove: InterVasity, 2002.

McKENZIE, J.L. *Dicionário bíblico*. São Paulo: Paulus, 1984.

McMURTRY, G.S. *As Festas Judaicas do Antigo Testamento*: Seu significado histórico, cristão e profético. Curitiba: A.D. Santos Editora, 2019.

MENEZES, V.M. *Código Hamurabi e a Lei de Moisés*. Itabaiana, SE: Amazon.com Clubedeautores.com.br, 2016.

MESSADIÉ, G. *Moisés*: Um Príncipe sem Coroa. Rio de Janeiro: Bertrand Brasil, 2014.

MESSADIÉ, G. *Moisés*: O Profeta Fundador. Rio de Janeiro: Bertrand Brasil, 2014.

MILLER, J.W. *As Origens da Bíblia*: Repensando a história canônica. São Paulo: Loyola, 2004.

MILLER, S.M.; HUBER, R.V. *A Bíblia e sua história*: O surgimento e o impacto da Bíblia. Barueri, SP: Sociedade Bíblica do Brasil, 2013.

NAUDE, J.A. רָאָה. In: VANGEMEREN, W.A. (Org.). *Novo dicionário internacional de teologia e exegese do Antigo Testamento*. São Paulo: Cultura Cristã, 2011, v. 3, p. 1.004-1.012.

NICCACCI, A. *Sintaxis del Hebreo Bíblico*. Navarra: Editorial Verbo Divino, 2002.

OSWALT, J.N. כָּל. In: HARRIS, R.L.; ARCHER, G.L.; WALTKE, B.K. *Dicionário internacional de Teologia do Antigo Testamento*. São Paulo: Vida Nova, 1998, p. 722-724.

OTTO, E. *A Lei de Moisés*. São Paulo: Loyola, 2011.

PAGANINI, S. *Deuteronomio*: nuova versione, introduzione e comento. Milano: Paoline Editoriale Libri, 2011.

PAGANELLI, M. *Introdução ao estudo da tipologia bíblica*. Santo André: Geográfica, 2018.

PAPOLA, G. *Deuteronomio*: Introduzione, traduzione e comento. Cinisello Balsamo/Milano: San Paolo, 2011.

PAYNE, J.B. כֹּהֵן. In: HARRIS, R.L.; ARCHER, G.L.; WALTKE, B.K. *Dicionário internacional de Teologia do Antigo Testamento*. São Paulo: Vida Nova, 1998, p. 704-705.

PEREGO, G. *Atlas Bíblico interdisciplinar*: escritura, história, geografia, arqueologia, teologia: análise comparativa. Aparecida, SP: Editora Santuário; São Paulo: Paulus, 2008.

PURY, A. *O Pentateuco em questão*: As origens e a composição dos cinco primeiros livros da Bíblia à luz das pesquisas recentes. Petrópolis: Vozes, 2002.

RAD, G.V. *Studies in Deuteronomy*. SCM PRESS LTD 56 Bloomsbury Street London, 1961.

RAD, G.V. *Teologia do Antigo Testamento*. São Paulo: ASTE/TARGUMIM, 2006.

RAD, G.V. *The Form-Critical Problem of the Hexateuch*. The Problem of the Hexateuch and Other Essays. Nova York: McGraw-Hill, 1966.

REINKE, A.D. *Atlas Bíblico Ilustrado*. São Paulo: Editora Hagnos, 2018.

REINKE, A.D. *Os outros da Bíblia*: História, fé e cultura dos povos antigos e sua atuação no plano divino. Rio de Janeiro: Thomas Nelson Brasil, 2019.

RENDTORFF, R. *A "Fórmula da Aliança".* São Paulo: Loyola, 2004.

RENDTORFF, R. *A formação do Antigo Testamento.* São Leopoldo: Sinodal, 2016.

ROITMAN. A.D. *Bíblia, Exegese e Religião*: Uma leitura do judaísmo. São Paulo: Editora Vida, 2015.

RÖMER, T. *A chamada história deuteronomista*: introdução sociológica, histórica e literária. Petrópolis: Vozes, 2008.

ROSE, M. Deuteronômio. In: RÖMER, T.; MACCHI, J.D.; NIHAN, C. (org.). *Antigo Testamento: história, escritura e teologia.* São Paulo: Edições Loyola, 2010, p. 260-284.

RUSHANSKY, E. *O palco da História*: As Raízes Judaicas e o Cristianismo. Jerusalém: T-Land Ltda, 2005.

SÁNCHEZ, E. *Comentário bíblico iberoamericano Deuteronomio.* Texto de la Mueva Versión Internacional. Introducción y comentário. Buenos Aires: Ediciones Kairós, 2002.

SCHAAEFFER, F.A. *Josué e a história bíblica.* São Paulo: Cultura Cristã, 2005.

SCHMID, K. *História da literatura do Antigo Testamento*: Uma introdução. São Paulo: Loyola, 2013.

SCHMIDT, W.H. *A fé do Antigo Testamento.* São Leopoldo, RS: Sinodal, 2004.

SCHMIDT, W.H. *Introdução ao Antigo Testamento.* São Leopoldo, RS: Sinodal, 2013.

SESBOÜÉ, D.; LACAN, M.F. Festas. In: LEON-DUFOUR, X. *Vocabulário de Teologia bíblica.* Petrópolis: Vozes, 2009, c. 350-351.

SICRE, J.L. *Com os pobres da Terra*: A Justiça Social nos Profetas de Israel. São Paulo: Academia Cristã / Paulus, 2015.

SIMIAN-YOFRE, H. et. al. *Metodologia do Antigo Testamento.* São Paulo: Loyola, 2015.

SMITH, R.L. *Teologia do Antigo Testamento*: História, Método e Mensagem. São Paulo: Vida Nova, 2001.

SIQUEIRA, F.S. *Ml 1,6-14*: A crítica profética ao culto do Segundo Templo e sua justificativa sob a aspecto teológico. Rio de Janeiro, 2013. 133p. Dissertação. Departamento de Teologia. Pontifícia Universidade Católica do Rio de Janeiro.

SIQUEIRA, F.S. *Ml 2,1-9 e 2,17–3,5*: Crise do sacerdócio e escatologia no séc. V a.C. Rio de Janeiro, 2019. 280p. Tese. Departamento de Teologia. Pontifícia Universidade Católica do Rio de Janeiro.

SKA, J.L.; SONNET, J.P.; WÉNIN, A. *Análisis narrativo de relatos del AntiguoTestamento*: Introdução. Navarra: Verbo Divino, 2001.

SKA, J.L. *I nostri padri ci hanno raccontato.* Introduzione all' analisi dei racconti dell' Antico Testamento. Bologna: EDB, 2012.

SKA, J.L. *Introdução à leitura do Pentateuco*: chave para interpretação dos cinco primeiros livros da Bíblia. São Paulo: Loyola, 2014.

SKA, J.L. *O Antigo Testamento*: Explicado aos que conhecem pouco ou nada a respeito dele. São Paulo: Paulus, 2015.

SKA, J.L. *O canteiro do Pentateuco*: Problemas de composição e de interpretação. Aspectos Literários e Teológicos. São Paulo: Paulinas, 2016.

SKA, J.L. *Antigo Testamento*: Introdução. Petrópolis: Vozes, 2018.

SKA, J.L. *Antigo Testamento*: Temas e leituras. Petrópolis: Vozes, 2018.

STORNIOLO, I. *Como ler o Livro do Deuteronômio*: Escolher a vida ou a morte. São Paulo: Paulus, 2004.

SWINDOLL, C.R. *Moisés*: Um homem dedicado e generoso. São Paulo: Mundo Cristão, 2017.

THOMPSON, J.A. *Deuteronômio introdução e comentário*. São Paulo: Vida Nova, 2006.

TOGNINI, E. *O Período interbíblico*: 400 anos de silêncio profético. São Paulo: Hagnos, 2009.

TOV, E. *A Bíblia Grega & Hebraica*: Ensaios Reunidos Sobre a Septuaginta. FRANCISCO, E.F. (trad.). Rio de Janeiro: Bvbooks Editora, 2016.

TOV, E. *Crítica textual da Bíblia Hebraica*. Rio de Janeiro: Bvbooks Editora, 2016.

YAMAUCHI, E. חַיִּים. In: HARRIS, R.L.; ARCHER, G.L.; WALTKE, B.K. *Dicionário internacional de Teologia do Antigo Testamento*. São Paulo: Vida Nova, 1998, p. 450-458.

YAMAUCHI, E. חֹרֶב. In: HARRIS, R.L.; ARCHER, G.L.; WALTKE, B.K. *Dicionário internacional de Teologia do Antigo Testamento*. São Paulo: Vida Nova, 1998, p. 523-526.

WAJDENBAUM, P. *Argonautas do deserto*. Análise estrutural da Bíblia Hebraica. São Paulo: [s. n.], 2015.

WALTON, J.H.; MATTHEWS, V.H.; CHAVALAS, M.W. *Comentário histórico-cultural da Bíblia*: Antigo Testamento. São Paulo: Vida Nova, 2018.

WALTKE, B.K.; O'CONNOR, M.P. *Introdução à sintaxe do hebraico bíblico*. São Paulo: Cultura Cristã, 2006.

WATTS, J.W. *Reading Law*: The Rhetorical Shaping of the Pentateuch. The Biblical Seminar 59. Sheffield: Sheffield Academic Press, 1999.

WEGNER, P.D. זָקֵן. In: VANGEMEREN, W.A. (org.). *Novo dicionário internacional de teologia e exegese do Antigo Testamento*. São Paulo: Cultura Cristã, 2011, v. 1, p. 1.107-1.109.

WÉNIN, A. *O Homem Bíblico*: Leituras do Primeiro Testamento. São Paulo: Edições Loyola, 2006.

WIERSBE, W.W. *Comentário bíblico-expositivo*: Antigo Testamento – volume I, Pentateuco. Santo André (SP): Geográfica Editora, 2006.

WILLIAMS, T.F. צוה. In: VANGEMEREN, W.A. (org.). *Novo dicionário internacional de teologia e exegese do Antigo Testamento*. São Paulo: Cultura Cristã, 2011, v. 1, p. 772-776.

WILLI-PLEIN, I. *Sacrifício e culto no Israel do Antigo Testamento*. São Paulo: Loyola, 2001.

WOODS, E.J. *Tyndale Old Testamenty Commentaries*: Deuteronomy: an introduction and commentary. vol. 5. IVP Academic. Evangelically Rooted. Critically Engaged, 2011.

WORK, T. *Deuteronomy*: Brazos Theological Commentary on the Bible. Quotations of Deuteronomy are adapted from the World English Bible, na adaptation of the American Standard Version in public domain (ebible.org/web), 2009.

WRIGHT, C.J.H. *Deuteronomio*. Roma: Edizioni GBU, 2009.

VAN GRONINGEN, G. עָבַר. In: HARRIS, R.L.; ARCHER, G.L.; WALTKE, B.K. *Dicionário internacional de Teologia do Antigo Testamento*. São Paulo: Vida Nova, 1998, p. 1.069-1.074.

VINE, W.E.; al et. Viver. In: *Dicionário Vine*: O significado exegético e expositivo das palavras do Antigo e Novo Testamento. Rio de Janeiro: Thomas Nelson Brasil, 2016, p. 332-334.

VOGT, P.T. *Interpretação do Pentateuco*. São Paulo: Cultura Cristã, 2015.

ZABATIERO, J. *Manual de Exegese*. São Paulo: Garimpo Editorial, 2019.

ZENGER, E. et. al. *Introdução ao Antigo Testamento*. São Paulo: Edições Loyola, 2003.

ZUCK, R.B. *Teologia do Antigo Testamento*. Rio de Janeiro: CPAD, 2019.

Série Teologia PUC-Rio

- *Rute: uma heroína e mulher forte*
Alessandra Serra Viegas

- *Por uma teologia ficcional: a reescritura bíblica de José Saramago*
Marcio Cappelli Aló Lopes

- *O Novo Êxodo de Isaías em Romanos – Estudo exegético e teológico*
Samuel Brandão de Oliveira

- *A escatologia do amor – A esperança na compreensão trinitária de Deus em Jürgen Moltmann*
Rogério Guimarães de A. Cunha

- *O valor antropológico da Direção Espiritual*
Cristiano Holtz Peixoto

- *Mística Cristã e literatura fantástica em C. S. Lewis*
Marcio Simão de Vasconcellos

- *A cristologia existencial de Karl Rahner e de Teresa de Calcutá – Dois místicos do século sem Deus*
Douglas Alves Fontes

- *O sacramento-assembleia – Teologia mistagógica da comunidade celebrante*
Gustavo Correa Cola

- *Crise do sacerdócio e escatologia no séc. V a.C. – A partir da leitura de Ml 2,1-9 e 17–3,5*
Fabio da Silveira Siqueira

- *A formação de discípulos missionários – O kerigma à luz da cruz de Antonio Pagani*
Sueli da Cruz Pereira

- *O uso paulino da expressão μὴ γένοιτο em Gálatas – Estudo comparativo, retórico e intertextual*
Marcelo Ferreira Miguel

- *A mistagogia cristã à luz da Constituição Sacrosanctum Concilium*
Vitor Gino Finelon

- *O diálogo inter-religioso para uma ecologia integral à luz da Laudato Si'*
Chrystiano Gomes Ferraz

- *A glória de Jesus e sua contribuição para a formação da cristologia lucana*
Leonardo dos Santos Silveira

- *A ecoteologia do Santuário Cristo Redentor à luz da encíclica Laudato Si'*
Alexandre Carvalho Lima Pinheiro

- *Ser presbítero católico – Estudo sobre a identidade*
Eanes Roberto de Lima

- *A pedagogia de YHWH e o seu povo diante da Lei – Uma análise de Dt 31,9-13*
Daise Gomes da Costa

Conecte-se conosco:

 facebook.com/editoravozes

 @editoravozes

 @editora_vozes

 youtube.com/editoravozes

 +55 24 2233-9033

www.vozes.com.br

Conheça nossas lojas:
www.livrariavozes.com.br

Belo Horizonte – Brasília – Campinas – Cuiabá – Curitiba
Fortaleza – Juiz de Fora – Petrópolis – Recife – São Paulo

  Vozes de Bolso

EDITORA VOZES LTDA.
Rua Frei Luís, 100 – Centro – Cep 25689-900 – Petrópolis, RJ
Tel.: (24) 2233-9000 – E-mail: vendas@vozes.com.br